눈에 보이지 않아도 길은 있다

눈에 보이지 않아도 길은 있다

Not seen, but there's a way.

방성일 지음

들음과봄

추천사

하나님의 말씀은 우리의 인생을 바꿉니다. 단순히 교회에서 마음의 위안을 주는 효능만 있지 않습니다. 가슴속에 깊이 파고들어 마음을 움직여 삶에 변화를 일으키고 다시 일어날 힘을 줍니다. 이것이 진정한 의미의 복된 소식이요, 기쁜 소식인 복음입니다. 복음의 원뜻은 '기쁜 소식' 입니다. 복음이 우리 인생의 기쁨을 회복시킵니다. 말씀을 통해 하나님을 만나고, 말씀이 우리의 마음을 지배하게 되면, 우리는 인생에 대한 새로운 통찰력으로 로드맵을 그리게 됩니다. 이것은 복음을 통해 하늘이 주시는 거룩한 소망이 우리 마음속에 일어나기 때문입니다. 하나님의 말씀은 다양한 삶의 정황들 속에 있는 사람들의 마음에 커다란 울림을 일으킵니다.

방성일 목사님의 책 『눈에 보이지 않아도 길은 있다』는 탁월한 복음의 해설서로 우리의 영혼을 일깨웁니다. 책의 제목부터 믿음을 묵상하게 합니다. 보이지 않는 길을 믿음의 눈으로, 하나님의 눈으로 보며 추구해 가는 것이 바로 그리스도인의 삶이기 때문입니다. 온통 캄캄하여 절망에 사로잡혀 두려움에 찌든 상황 속에서도 말씀의 빛이 비췰 때 삶을 향한 의욕과 열정이 다시 타오를 수 있습니다. 영혼의 곳간에 말씀의 곡식이 쌓이게 되면 참된 삶을 살아갈 힘을 공급받습니다.

이 책을 통해 하나님께서 주신 축복의 기회를 깨닫고 용기를 내어 믿음의 길을 갈 힘을 얻게 될 것입니다. 말씀의 은혜를 충만히 경험하며 하나님의 사랑 가운데 힘차게 전진하시길 축복합니다.

정창욱 교수(총신대학교, 신약학)

코로나19가 끼친 폐해가 너무나 큽니다. 개개인의 아픔도 크지만, 국가적으로도 부정적인 영향을 많이 끼쳤습니다. 그러다 보니 과거 어느 때보다 우울증과 스트레스로 인해 힘들어하는 이들이 적지 않습니다. '절망'과 '좌절', '패배주의'에 사로잡혀 모든 걸 포기한 채 죽다 못해 사는 이들이 꽤 많습니다. 신앙공동체인 교회 안에서도 마찬가지입니다. 교회를 다니면서도 꿈과 소망 없이 사는 이들을 심심찮게 봅니다. 이런 부정적이고 암담한 현실을 살아가는 이들에게 필요한 묘약이 있습니다. 바로 그것은 영원불변한 진리의 말씀입니다. 이 말씀이 소개하는 소망과 열정을 진솔하고 맛깔난 문장으로 엮어 전달하는데 탁월한 분이 바로 하남교회 방성일 목사님입니다.

올해도 어김없이 한 해를 마무리하며 『눈에 보이지 않아도 길은 있다』란 책을 출간하셨습니다. 우리에게 선물로 주시기 위해서입니다. 방 목사님의 책은 최악의 형편 속에서도 용기와 희망을 품으라고 합니다. 무기력한 이들에게 두 주먹 불끈 쥐고 앞을 향하여 뚜벅뚜벅 걸어가게 할 힘을 줍니다. 넘어지고 실패해도 다시 시작하게 하는 힘의 원천이신 하나님을 발견하게 합니다. 어둡고 절망적인 현실에서 빛과 소망을 유통하기를 원하는 모든 이들에게 이 책을 추천합니다.

신성욱 교수(아신대학교, 설교학)

프롤로그

'눈에 보이지 않아도 길은 있다.'

사람의 내면에는 성장의 씨앗이 있습니다. 특별히 예수를 믿는 성도의 마음에는 가능성의 씨앗이 있습니다. 무엇이나 할 수 있고 어떤 사람도 될 수 있는 '가능성'이라는 씨앗입니다. 씨앗은 물을 주고 가꾸어 돌보면 우람한 나무로 성장합니다. 그런데 사람들은 자기 안에 있는 이 가능성의 씨앗을 모른 채 살아가기도 하고, 자신에게 가능성이 있음을 믿지 못한 채 일생을 보내기도 합니다. 그런 까닭에 자기 인생을 방치하고 방임합니다.

화려하고 고급스럽게 조경한 정원도 돌보지 않으면 어느새 잡초가 무성한 쓸모없는 맹지가 됩니다. 벌과 나비가 날아들고 새들이 깃들이는 정원을 갖고 싶다면 방법은 단순합니다. 꽃과 나무를 심고 가꾸십시오. 그러면 저절로 벌과 나비가 날아들 뿐 아니라 새들이 지저귀는 아름다운 정원이 됩니다.

사람도 이와 같습니다. 자신의 인생에 관심을 가지고 잘 돌보면 성장하지만, 애정을 쏟지 않고 방치하면 점점 나빠지고 쓸모없는 인생이 됩니다. 많은 것을 소유하고 더욱 높은 자리로 올라가는 것보다 가치 있는 일은 자신을 소중하게 가꾸는 것입니다. 자신을 가꿀 때, 마음 깊은 곳에서 풍만한 감사를 느끼게 되고 마침내 얼굴에는 미소가 번지게 됩니다. 우리는 이를 '행복'이라 말합니다. 그러기에 행복도 연습이 필요합니다.

누구나 행복하고 빛나도록 하는 인생 연습 세 가지가 있습니다.

첫째, 넉넉한 미소를 품는 연습입니다. '예쁘다'는 것은 모양을 말하는 표현이고, '아름답다'는 것은 느낌을 말하는 표현입니다. 평범한 얼굴이라도 미소가 어려 있는 사람을 보면 왠지 모르게 마음이 따뜻해지고 편해집니다. 얼굴이 잘생겼어도 차가운 표정으로 찡그리고 있으면 가까이하기 싫습니다. 거울을 보고 웃는 연습을 하세요. 얼굴을 펴는 연습은 자신을 가꾸는 쉬운 방법입니다. 좋은 옷을 입는 것보다 밝은 미소를 머금은 얼굴이 훨씬 좋고 아름답습니다.

둘째, 온유하고 겸손한 마음을 품는 연습입니다. 살아있는 몸은 늘 일정한 온도를 유지합니다. 그러나 아무리 훌륭한 사람도 죽으면 싸늘한 시신이 됩니다. 우리 마음이 따뜻하다는 것은 살아있다는 증거이며, 복 있는 사람의 모습입니다. 성경은 "온유한 자는 복이 있나니 땅을 기업으로 받을 것"(마 5:5)이라고 말합니다. 따뜻한 마음은 사람의 향기입니다. 벌과 나비가 꽃의 향기를 맡고 찾아오듯, 따뜻한 사람 주변에는 행복이 찾아옵니다. 우리가 평생을 두고 연습해야 할 일이 있다면, 온유하고 겸손하신 예수님을 닮아가는 것입니다.

셋째, 감사하는 태도를 연습해야 합니다. 사람들 마음 깊은 곳에는 영혼의 우물이 하나 있습니다. 그 우물에서 물을 길어 올리면 메마른 인생이 푸르게 됩니다. 시든 인생이 꽃을 피우고 가을이면 열매를 맺는 나무가 됩니다. 이는 하나님이 우리 마음에 심어두신 영혼의 샘입니다. 넓디넓은 세상 어디에서도 찾을 수 없는 그 우물의 이름은 '감사'입니다. 그 물을 마시면 만족하게 됩니다. 날마다 행복해집니다. 하나님이 주신 신비로운 샘에서 날마다 부지런히 감사를 길어내는 연습을 하십시오.

하남교회는 해마다 11월이 되면 한 달 동안 캠페인을 진행합니다. '인생 연습'이요, '행복 연습'입니다. 이 책은 자녀가 잘되기를 바라는 아비의 심정으로 준비하고 나누었던 말씀을 11월 한 달 동안 복습하듯 새벽에 나눈 것으로, 이를 책으로 엮은 것입니다. 새로운 것은 없다고 해도 반복을 통해 가슴에 새겨지길 바랍니다. 한 번 스치듯 지나가는 소낙비는 땅을 적실 뿐이지만, 또다시 비가 내리면 그때는 흘러 시내가 되고 강이 되는 것처럼, 마음속에 스며들길 소망합니다. 길을 잃고 주저앉은 사람들, 세찬 여울을 만난 사람들 그리고 절망의 깊은 골짜기를 지나는 숨 가쁜 사람들에게 언덕 너머 푸른 초원으로 안내하는 안내서가 되었으면 합니다. 무엇보다 평범하지만, 누구나 모르는 비밀을 들려주고 싶습니다.

"눈에 보이지 않아도 길은 있습니다."

꿈과 행복의 동산지기

방성일 목사

목차

PART 1.
Draw, THE DREAM

PART 2.

Fill, THE DREAM

PART 1.

Draw, THE DREAM

1장
인생의 로드맵이 있는가?

여호수아 18:1-7

1 이스라엘 자손의 온 회중이 실로에 모여서 거기에 회막을 세웠으며 그 땅은 그들 앞에서 돌아와 정복되었더라 2 그러나 이스라엘 자손 중에 그 기업의 분배를 받지 못한 자가 아직도 일곱 지파라 3 여호수아가 이스라엘 자손에게 이르되 너희가 너희 조상의 하나님 여호와께서 너희에게 주신 땅을 점령하러 가기를 어느 때까지 지체하겠느냐 4 너희는 각 지파에 세 사람씩 선정하라 내가 그들을 보내리니 그들은 일어나서 그 땅에 두루 다니며 그들의 기업에 따라 그 땅을 그려 가지고 내게로 돌아올 것이라 5 그들이 그 땅을 일곱 부분으로 나누되 유다는 남쪽 자기 지역에 있고 요셉의 족속은 북쪽에 있는 그들의 지역에 있으니 6 그 땅을 일곱 부분으로 그려서 이 곳 내게로 가져오라 그러면 내가 여기서 너희를 위하여 우리 하나님 여호와 앞에서 제비를 뽑으리라 7 레위 사람은 너희 중에 분깃이 없나니 여호와의 제사장 직분이 그들의 기업이 됨이며 갓과 르우벤과 므낫세 반 지파는 요단 저편 동쪽에서 이미 기업을 받았나니 이는 여호와의 종 모세가 그들에게 준 것이니라 하더라

성공과 축복

사람들은 누구나 소원하며 바라는 것이 있습니다. 그 바라는 것을 이룰 때 우리는 성공했다고 말합니다. 그런 의미에서 성공은 객관적이라기보다 주관적입니다. 바라는 것을 이루는 것이 성공이라면, 이루어 놓은 것을 누리는 것은 축복입니다. 우리는 성공과 축복 두 가지 모두 얻고 누릴 수 있습니다. 그런데 사람들은 성공에만 관심을 가집니다. 성공만 좇다 이미 얻은 것을 누리지 못합니다. 하나님은 우리에게 바라는 것을 얻을 수 있는 은혜도 주셨고, 얻은 것을 누릴 수 있는 복도 주셨습니다. 하나님은 우리에게 이 두 가지 모두를 주셨습니다. 예수님은 마가복음 9장 23절에서 이에 대해 말합니다.

"예수께서 이르시되 할 수 있거든이 무슨 말이냐 믿는

자에게는 능히 하지 못할 일이 없느니라 하시니"

예수 그리스도를 구주로 믿고 전능하신 하나님을 아버지로 부르는 사람은 불가능한 일이 없습니다. 무엇이든지 할 수 있습니다. 성도는 이 말씀을 아는 것에 머무르지 말고 이 말씀을 확신해야 합니다. 하나님께서 우리에게 "너는 얻을 수도 있고, 누릴 수도 있는 그런 복을 받았다."라고 말씀하십니다.

인문학자이며 소설가인 최복현 작가는 『여유, 내 소중한 시간을 위로하는 시간(삶의 속도를 늦추고 마음의 여유를 찾게 해줄 행복 메시지 100)』이라는 책을 썼습니다. 이 책에는 우리가 곰곰이 생각해 봐야 할 중요한 인사이트(Insight)가 담겨 있습니다.

마귀가 어느 날 하나님을 찾아와 질문합니다.

"하나님, 당신이 빛을 만드셨을 때 그 찬란한 빛을 보시면서 보시기에 좋았다고 말씀하셨잖아요. 그리고 땅과 하늘을 만드신 다음에도 그것들을 보시면서 참 보기 좋았다고 말씀하셨는데, 왜 사람을 창조하신 후에는 사람을 보니 보기에 참 좋다는 말씀을 안 하셨나요?"

하나님은 마귀의 질문을 듣고 대답하십니다.

"내가 빛을 만들 때, 땅과 하늘을 만들 때는 완성품으로 만들었지. 그런데 사람을 만들 때는 완성된 존재로 만들지 않았어. 사람에게는 스스로 자신의 약한 부분들을 만들어 갈 수 있는 능력을 주었고, 자신의 삶을 만들어갈 만한 목표를 사명으로 주었지."

동물의 세계에는 발전이 없습니다. 2000년 전이나 지금이나 행동이 거의 같습니다. 발전이 없기에 동물의 세계는 문화도 없습니다. 그런데 사람은 끝없이 발전합니다. 19세기, 20세기, 21세기 세월이 지날수록 더욱 놀라운 발전을 이루고 있습니다. 하나님께서 인간에게 그런 능력을 주었기 때문입니다. 창세기 1장 28절은 이를 확증합니다.

> "하나님이 그들에게 복을 주시며 하나님이 그들에게 이르시되 생육하고 번성하여 땅에 충만하라, 땅을 정복하라, 바다의 물고기와 하늘의 새와 땅에 움직이는 모든 생물을 다스리라 하시니라"

하나님은 그들에게 복을 주시며 생육하고 번성하여 땅에 충만하라고 말씀하십니다. 땅을 정복하고 바다의 물고기와 하늘의 새와 땅의 움직이는 모든 생물을 다스리라고 하십니다. 하나님이 사람에게 세상을 정복하고 다스리는 능력을 주셨다는 것입니다. 우리는 번성하는 복과 정복할 수 있는 능력을 받았고 다스릴 수 있는 권세까지 받았습니다. 그래서 무엇이든지 할 수 있습니다. 하지만 하나님이 우리에게 주시지 않는 한 가지가 있습니다. 그것은 '삶의 길이'입니다. 우리가 이 땅에서 얼마나 살는지 스스로 결정할 수 없습니다. 언제 생이 끝날지 우리는 모릅니다. 삶의 길이는 하나님의 영역으로 하나님이 정해 놓으셨습니다. 하지만 우리가 삶의 길이는 선택할 수 없어도 삶의 내용은 선택할 수 있습니다. 하나님께서 우리에게 그런 권한을 주셨기 때문입니다. 오늘을 기뻐하고 감사하고 즐거워하면서 복된 삶을 살아가도록 하셨습니다. 이것이 우리가 하나님에게 받은 복입니다.

하나님께서 주신 복을 누리겠다는 결단은 우리의 몫입니다. '행복하게 살아야겠어', '기뻐하며 감사한 삶을 살아야겠어'라고 선택해야 합니다. 만약 그렇지 않다면 슬퍼하고 염려하며 두려움에 떠는 인생을 살게 될 것입니다. 기쁨과 감사를 선택하지 않으면 불안과 두려움의 삶으로 흘러갑니다. 의식적인 선택이 없으면 생각은 자연스럽게 헛된 곳으로 흘러가고 맙니다. 그러니 우리는 매 순간 하나님 주신 복을 의식하며 주어진 삶의 순간마다 기쁨으로 감사하며 풍성한 삶을 살아야겠다고 선택해야 합니다.

우리는 인생에서 중요한 세 가지 선택을 합니다. 첫 번째는 직업의 선택입니다. 노동은 성경적인 원리로 누구나 땀 흘려 일해야 합니다. 만약 "나는 직업이 없는데요."라고 한다면, 없는 것(무직)이 직업입니다. 노는 것이 직업인 것이죠. "아, 나는 남편 직장 보내고, 애들 학교 보내느라 직업이 없어요."라고 말하는 주부도 가사노동을 합니다. 사람에게는 각자 주어진 일이 있습니다. 그래서 우리는 어떤 일을 하며 살지 선택해야 합니다.

두 번째는 배우자의 선택입니다. 자녀가 부모님 그늘에 있는 시기는 그리 길지 않습니다. 아이가 성장해 청소년이 되고, 청년이 되어 배우자를 만나 새로운 가정을 이룹니다. 그리고 부모와 함께 살았던 시간보다 훨씬 긴 시간을 배우자와 함께 보냅니다. 그러기에 배우자 선택은 굉장히 중요합니다. 가족을 이루어 새로운 세대를 형성하는 일은 우리 삶에 큰 영향을 미칩니다.

세 번째는 신앙의 선택입니다. "나는 신을 믿지 않아요."라고 말하는 사람이 있습니다. 나름 명성과 재물을 가진 그리고 높은 학력을 가진 사람 중에 무신론자들이 있습니다. 그러나 이들도 자기가 속한 사회에서 인정받고 세상이 주는 재미에 빠져 살다가도 은퇴를 피할 수는 없습니다. 그러면서 점차 직장과 가정에서 입지가 좁아집니다. 어떤 인생이든 일하지 못할 때가 옵니다. 사랑하는 가족이 우리 곁을 떠나고 마지막에 홀로 덩그러니 남습니다. 인생의 끝날에는 결국 혼자입니다. 무신론자도 삶의 끝자락에서는 영원을 바라봅니다. 누군가를 의지하게 됩니다. '하나님이 정말 계실까? 내가 죽으면 어떻게 될까?' 하는 영원에 대한 목마름이 생깁니다. 사람은 하나님의 형상으로 창조되었기에 자기도 모르게 신을 찾습니다. 그러나 진리는 한 분, 바로 예수 그리스도이십니다. 우리가 예수님을 믿게 된 것은 하나님의 은혜입니다. 영원한 생명 되신 예수님을 믿게 된 것에 감사하고 찬양하며 사는 것이 축복입니다.

사람은 선택하며 살아갑니다. 직업을 선택하고, 배우자를 선택하며, 신앙을 선택합니다. 그렇지만 선택이 끝이 아닙니다. 선택 이후, 그에 걸맞은 삶을 살아야 합니다.

내게 주신 능력

하나님은 우리에게 소원하는 것을 이룰 수 있는 능력을 주셨습니다. 그리고 그것을 누릴 수 있는 은혜도 주셨습니다. 하나님 주신 은혜와 능력으로 우리가 아직 점령하지 못한 마음의 소원을 정복할 수 있습니다. 우리에게 소원이 있다는 것은 아직도 정복하지 않은 영역이 있다는 이야기입니다.

여호수아 18장에는 이스라엘 백성이 기업을 분배받는 장면이 나옵니다. 가나안 땅을 정복하고 먼저 다섯 지파가 기업을 받습니다. 그런데 아직 분배받지 못한 일곱 지파가 머뭇거리고 있습니다. 시간을 지체하며 땅을 차지할 생각을 하지 않습니다. 여호수아가 이스라엘 일곱 지파에게 말합니다(수 18:3).

> "여호수아가 이스라엘 자손에게 이르되 너희가 너희 조상의 하나님 여호와께서 너희에게 주신 땅을 점령하러 가기를 어느 때까지 지체하겠느냐"

앞으로 차지할 땅은 하나님이 주신 땅, 즉 하나님께서 이스라엘 백성, 너희에게 주신 땅이라고 표현합니다. 약속으로 이미 주셨기에 가서 차지하고 점령하기를 주저하지 말라고 하는데, 일곱 지파는 머뭇거립니다. 여호수아가 계속하여 책망합니다. "어느 때까지 너희에게 주신 땅을 점령하러 가기를 지체하고 있겠느냐!" 하나님이 약속하셨으니 가서 차지하면 되는데 남은 일곱 지파는 그렇게 하지 않습니다. 왜 망설이며 주춤하는 것일까요? 일곱 지파의 마음이 신명기 1장 21절에서 잘 드러나 있습니다.

> "너희의 하나님 여호와께서 이 땅을 너희 앞에 두셨은즉 너희 조상의 하나님 여호와께서 너희에게 이르신 대로 올라가서 차지하라 두려워하지 말라 주저하지 말라 한즉"

바로 두려움 때문입니다. 여호수아는 '너희의 하나님 여호와께서 이 땅을 너희 앞에 두었다'라고 합니다. 그들 앞에 땅이 놓여 있습니다. '너희 조상의 하나님 여호와께서 너희에게 이르신 대로 올라가서 차지하라.'고 합니다. 올라가서 점을 찍듯, 차지하기만 하면 됩니다. 그런데 머뭇거리며 지체하는 이유는 그곳에 철병거가 있고 거인족이 살고 있기 때문입니다. 일곱 지파에게는 그것들을 물리칠 수 있다는 믿음이 없었습니다. 그래서 하나님의 약속을 믿지 못하고 두려워하는 것입니다.

'어려움을 당하면 어떡하지?' '잘못되면 어떡하지?'와 같은 생각은 이스라엘 백성만의 것이 아닙니다. 오늘 이 시대를 사는 우리에게도 두려움이 있습니다. 하나님은 우리에게 마음의 소원을 주셨습니다. 이 소원은 차지해야 할 미지의 땅을 의미합니다. 우린 그 땅이 많다는 것을 알지만, 그 땅에 가기에는 겁이 납니다. 지금 있는 것마저 잃을까 두렵습니다. 그래서 적당하게 먹고 마시며, 적당하게 살기로 선택하고 움직이지 않습니다. 점령하지 않습니다. 하나님이 다스리고 정복할 능력을 주시고 약속도 하셨는데 지체하는 것입니다. 오늘에 만족하며 더는 도전하지 않습니다. 두려움에 떨고 있는 우리에게 필요한 것은 무엇일까요?

하나님은 아브라함을 찾아오셔서 말씀하십니다(창 13:14).

> "롯이 아브람을 떠난 후에 여호와께서 아브람에게 이르시되 너는 눈을 들어 너 있는 곳에서 북쪽과 남쪽 그리고 동쪽과 서쪽을 바라보라"

아브라함의 목자들과 롯의 목자들이 목초지가 부족해지자 서로 다투기 시작합니다. 아브라함은 롯에게 먼저 땅을 선택하라고 합니다. 롯은 온 땅에 물이 넉넉하여 마치 여호와의 땅 같고, 애굽 땅 같은 곳을 선택하고 떠납니다. 하나님은 홀로 있던 아브라함을 찾아와 "너는 눈을 들어 너 있는 곳에서 북쪽과 남쪽 동쪽과 서쪽을 바라보라. 사방을 둘러봐라."라고 말씀하십니다. 그리고 "보이는 땅을 너와 너 자손에게 주리니 영원에 이르리라(창 13:15)."고 약속하십니다. 무한한 가능성을 약속하신 것입니다. 롯이 먼저 좋은 땅을 차지해 아브라함에게는 황폐하고 척박한 땅만 남은 것 같습니다. 그러나 하나님은 아브라함에게 네 눈에 보이는 그 땅을 다 주겠다고 더 큰 약속을 하십니다. 하나님이 아브라함에게 말씀하셨듯이, 예수를 구주로 믿고 하나님을 아버지로 부르는 우리에게도 동일한 약속이 주어졌습니다. 갈라디아서 3장 9절에서 이를 확인할 수 있습니다.

> "그러므로 믿음으로 말미암은 자는 믿음이 있는 아브라함과 함께 복을 받느니라"

예수를 믿는 사람은 믿음으로 말미암아 믿음이 있는 아브라함과 함께 복을 받습니다. 아직도 우리 삶에 정복하지 못한 미지의 땅이 있습니다. 그 미지의 세계를 하나님께서 주시겠다고 약속하십니다. '너는 눈을 들어 동서남북을 바라봐라. 보이는 땅을 다 네게 주겠다.'라고 말씀하십니다. 우리 마음의 열망과 소원이 있다는 것은 아직도 우리가 할 수 있는 일들이 있다는 의미입니다. 지금 가지고 있는 것에 만족하며 편안하고 안일하게 살 생각을 버리고, 마음의 소원을 펼쳐 들고 정복할 땅을 향해 나아가야 합니다.

주님이 약속으로 주신 미지의 땅을 정복하러 갈 때 먼저 해결해야 할 것이 있습니다. 첫 번째는 관계를 회복하는 겁니다. '하나님과 나'와의 관계 회복입니다. 끊어진 관계, 약해지고 소원해진 관계를 회복해야 합니다. 하나님과 관계가 멀어지면 아무것도 할 수 없습니다. 여호수아는 계속해서 말합니다(수 18:1).

"이스라엘 자손의 온 회중이 실로에 모여서 거기에 회막을 세웠으며 그 땅은 그들 앞에서 돌아와 정복되었더라"

이스라엘 백성은 실로에 모여 회막을 세웁니다. 실로는 가나안 땅의 중심입니다. 그곳에 하나님을 섬길 회막을 세웁니다. 원래 회막은 길갈에 있었습니다. 길갈에 있던 회막을 이제 가나안 땅 중심부, 즉 심장부로 옮겨 세웁니다. 그리고 하나님을 섬기게 합니다. 왜 그럴까요? 머뭇거리며 대충 자리 잡고 살려는 이스라엘 백성에게 실로의 회막을 통해 하나님과의 관계를 회복시키기 위해서입니다. 하나님과의 관계가 회복되면 마음에 열망이 생깁니다. 하나님과 관계가 회복되면 무엇이든지 할 수 있습니다. 살다 보면 지칠 때가 있습니다. 일이 풀리지 않을 때도 있습니다. 무엇을 해도 삐걱거리며 되는 일이 하나도 없습니다. 그럴 때 하나님께로 가까이 나아가야 합니다. 하나님께 가면 길이 있습니다. 우리 삶이 왜 삐걱댈까요? 왜 삶이 무너질까요? 하나님과의 관계가 소원해졌거나 멀어졌기 때문입니다.

엘비스 프레슬리(Elvis Aron Presley)는 팝의 전설로 대단한 인기와 부를 가졌습니다. 엘비스 프레슬리가 8~9살 무렵 유명한 예언가가 '너는 마흔셋을 못 넘기고 죽어.'라고 말했습니다. 엘비스는 마음속에 그 말이 박혀 두려움에 살았다고 합니다. 유명한 가수가 되어 대중의 인기와 부를 얻었지만, 마음의 불안은 사라지지 않았습니다.

'나는 마흔셋을 못 넘긴다고 했는데 어떡하지?' 결국 그는 그 두려움과 불안을 이기려고 술과 마약에 손을 댑니다. 그리고 마흔두 살에 심장마비로 사망합니다. 하나님을 멀리한 사람, 하나님이 없는 사람은 무엇을 해도 마음이 두렵습니다. 두려움에 사로잡혀 삶을 제대로 살아보지 못합니다.

예수 그리스도 이름 앞에는 운명도 길을 비킵니다. 우리 주님이 주신 능력 앞에는 어떠한 문제도 문젯거리가 아닙니다. 하나님은 우리가 바라는 것을 얻을 수 있는 능력을 주셨고, 그것을 누릴 수 있는 은혜도 주셨습니다. 예수님 안에 있으면 우리는 무엇이든지 할 수 있습니다. 그래서 어려울 때마다, 일이 안 될 때마다 먼저 하나님과의 관계를 돌아보고 회복해야 합니다. 바로 예수 그리스도를 붙잡고, 하나님께 가까이 나아가는 것입니다.

하나님과 어떤 관계를 맺고 있는지 우리는 누구보다 스스로 잘 압니다. 하나님과 멀어졌다면 하나님께 가까이 나아가십시오. 교회를 더 자주 가고, 기도의 자리를 사모하십시오. 하나님과의 관계를 회복하면 다시 일어설 수 있습니다.

그런데 하나님과의 관계가 좋은데도 삶이 삐꺽거릴 때가 있습니다. 인간관계 때문입니다. 사람과 관계가 틀어지면 신앙생활도 어려워집니다. 부부싸움을 하고 교회에 오면 예배 자리에 있어도 은혜가 되지 않습니다. 화나고 짜증나도 주일을 지키기 위해 교회에 왔는데, 예배 드리기가 힘듭니다. 찬송을 불러도 마음이 울리지 않고, 찬양 가사에 은혜도 받지 못하며 기도하기도 힘듭니다. 말씀을 들어도 '아멘'으로 화답할 수 없습니다. 이처럼 인간관계가 틀어지면 마음이 상해 신앙생활이 어려워집니다. 예수님은 마태복음 5장 23-24절에서 이와 같이 말씀하십니다.

> "그러므로 예물을 제단에 드리려다가 거기서 네 형제에게 원망들을 만한 일이 있는 것이 생각나거든 예물을 제단 앞에 두고 먼저 가서 형제와 화목하고 그 후에 와서 예물을 드리라"

예물을 제단에 드리다가 형제에게 원망들을 만한 일이 생각납니다. 그때에는 예배보다 먼저 형제와 화해해야 합니다. 그만큼 인간관계가 중요합니다. 부부나 가족은 티격태격해도 쉽게 서로를 이해하지만, 교우 관계가 틀어지면 그 영향은 오래갑니다. 애써서 화해하지 않으면 신앙생활에 손해를 봅니다.

신앙생활을 잘하는 비결이 무엇일까요? 감사입니다. 교회올 수 있음에 감사하고, 사랑하는 목회자와 성도들을 만날 수 있음에 감사하면 기쁩니다. 반면에 불만이 쌓이면 쓴 뿌리가 생기게 됩니다. 쓴 뿌리는 삶의 영양분을 빼앗아 갑니다. 히브리서 기자는 쓴 뿌리는 쉽게 뽑히지 않는다고 합니다. 쓴 뿌리가 우리 속에 깊이 뿌리박히면 삶은 메마르게 됩니다. 생활의 활기가 사라집니다. 그래서 빨리 하나님과의 관계를 회복하며 틀어진 인간관계를 풀어 화목해야 합니다. 그래야 거리낌 없이 주님을 섬길 수 있습니다.

로드맵 그리기

하나님과의 관계를 회복했다면 다음 단계로 나아가야 합니다. 사키야마 미유키는 『10년 후 명함을 준비하라』라는 책에서 자신이 10년 후에 이루고 싶은 모습을 그려보라고 제안합니다. 그리고 이를 명함에 새겨 넣으라고 합니다. 그러면 그것이 목표가 되어 오늘의 삶을 머뭇거리지 않고 열정적으로 나아가게 한다고 말합니다. 여호수아 18장 4절에는 이처럼 목표가 생긴 사람들을 보여줍니다.

"너희는 각 지파에 세 사람씩 선정하라 내가 그들을 보내리니 그들은 일어나서 그 땅에 두루 다니며 그들의 기업에 따라 그 땅을 그려 가지고 내게로 돌아올 것이라"

여호수아는 머뭇거리는 사람들에게 지파마다 세 사람씩을 선정하여 정복할 땅을 두루 다니며 그 안에 있는 것들을 그려오라고 명령합니다. 그리고 이 명령을 계속 반복합니다(수 18:6).

"그 땅을 일곱 부분으로 그려서 이 곳 내게로 가져오라 그러면 내가 여기서 너희를 위하여 우리 하나님 여호와 앞에서 제비를 뽑으리라"

이스라엘 백성에게 너희가 앞으로 정복할 미지의 땅을 지도로 그려오라고 말하는 것입니다. 8절에서도 반복해서 말합니다.

"그 사람들이 일어나 떠나니 여호수아가 그 땅을 그리러 가는 사람들에게 명령하여 이르되 가서 그 땅으로 두루 다니며 그것을 그려 가지고 내게로 돌아오라 내가 여기 실로의 여호와 앞에서 너희를 위하여 제비를 뽑으리라 하니"

각 지파에서 선정된 사람들이 그 땅의 지형을 그리려고 떠날 때 여호수아가 그들을 불러 다시 이야기합니다. "이리 와 봐라. 너희가 두루 다니면서 차지할 땅을 그려 내게로 가져와라." 여호수아가 거듭 반복해서 이야기하는 이유는 그것이 매우 중요하기 때문입니다. 여호수아는 왜 그것을 그려오라고 했을까요? 만약 이스라엘 백성이 자신들이 차지하게 될 땅을 제대로 그려오면 그 땅이 눈앞에 선명해질 것을 알았기 때문입니다. 지도를 그리면 그 땅이 가슴에 새겨집니다. 그리고 그것이 목표가 되어, 그 땅을 차지하고 싶다는 열망이 생깁니다. 이것이 로드맵(Road Map)입니다. 그래서 인생의 로드맵이 중요합니다. 당신은 인생의 로드맵을 가지고 있습니까?

"사람이 마음으로 자기 길을 계획할지라도 그의 걸음을 인도하신 이는 여호와시니라"

잠언 16장 9절에 사람이 마음으로 자기 길을 계획한 것을 하나님이 인도하신다고 합니다. 이를 잘못 해석하면 '우리가 아무리 계획을 세워도 소용없어. 하나님이 알아서 인도하실 거야.'라고 생각하게 됩니다. 계획은 사람이 세우는 것입니다. 하나님은 세운 그 계획을 인도해 가십니다. 사람이 계획을 세우지 않는다면 하나님이 어떻게 인도하시겠습니까! 그래서 미래의 계획을 세우지 않는다는 것은 실패하겠다는 계획을 세우는 것과 같습니다.

유학 시절은 제게도 감당하기 힘든 시간이었습니다. 저는 유학 시절 처음으로 인생의 10년 계획, 10년의 로드맵을 그렸습니다. 그리고 해마다 업데이트했습니다. 지금도 10년의 로드맵이 있습니다. 그렇게 로드맵을 세우고 세월을 지내오니 제 인생은 로드맵대로 움직였습니다. 하나님이 그렇게 인도해 오셨기 때문입니다.

인생 로드맵을 그리십시오. 로드맵이 없다면 대충 그럭저럭 살아가겠다는 것입니다. 하나님은 우리 마음속에 소원을 주시며, 앞으로 차지할 땅을 보여 주십니다. 그런데 이를 거절하며 오늘 하루를 그럭저럭 안주하며 살아 가시겠습니까?

> "하나님이 말씀하시기를 말세에 내가 내 영을 모든 육체에 부어 주리니 너희의 자녀들은 예언할 것이요 너희의 젊은이들은 환상을 보고 너희의 늙은이들은 꿈을 꾸리라"

사도행전 2장 17절에는 말세에 하나님이 모든 육체에게 하나님의 영인 성령을 부어주신다고 약속하십니다. 성령을 부어주실 때 자녀들은 예언하고, 젊은이들은 환상을 보고, 늙은이들은 꿈을 꾼다고 합니다. 이것이 성령의 역사입니다. 하나님의 은혜가 임하면 예언하고 환상을 보며 꿈을 꿉니다. 예언과 환상과 꿈은 모두 미래와 연관되어 있습니다. 하나님의 은혜를 받은 사람은 미래를 이야기합니다. 하지만 은혜가 떨어지면 과거를 이야기합니다. 후회하며 옛날 이야기를 회상할 뿐입니다.

하나님의 은혜를 받으십시오. 미래를 그리며 오늘도 믿음으로 도전하십시오. 예수님의 꿈을 꾸십시오. 예수님이 우리의 완전한 로드맵입니다. 예수님은 우리 인생의 보물 지도입니다. 예수님 안에 모든 것이 있습니다. 골로새서 2장 3절은 이를 설명합니다.

> "그 안에는 지혜와 지식의 모든 보화가 감추어져 있느니라"

예수님을 붙잡으면 그 안에 우리 삶에 필요한 지혜와 지식의 모든 보화가 감춰져 있습니다. 예수님을 가슴에 품고, 마음의 소원을 따라 미지의 영역을 향해 믿음으로 전진하십시오. 땅을 차지하십시오. 주님과 함께 빛나는 꿈을 꾸고 눈부신 내일을 향해 전진하십시오.

2장
지금 다시
시작할 수 있다

18 그런즉 씨 뿌리는 비유를 들으라 19 아무나 천국 말씀을 듣고 깨닫지 못할 때는 악한 자가 와서 그 마음에 뿌려진 것을 빼앗나니 이는 곧 길 가에 뿌려진 자요 20 돌밭에 뿌려졌다는 것은 말씀을 듣고 즉시 기쁨으로 받되 21 그 속에 뿌리가 없어 잠시 견디다가 말씀으로 말미암아 환난이나 박해가 일어날 때에는 곧 넘어지는 자요 22 가시떨기에 뿌려졌다는 것은 말씀을 들으나 세상의 염려와 재물의 유혹에 말씀이 막혀 결실하지 못하는 자요 23 좋은 땅에 뿌려졌다는 것은 말씀을 듣고 깨닫는 자니 결실하여 어떤 것은 백 배, 어떤 것은 육십 배, 어떤 것은 삼십 배가 되느니라 하시더라

마태복음
13:18-23

변화의 초점

힘들고 어려운 일을 당할 때 그 일의 원인을 환경이나 다른 사람에게 찾는 사람이 있습니다. 하지만 원인은 외부가 아니라 자신에게 있습니다. 자신이 변하면 모든 것이 변합니다. 그래서 타깃(target)을 정하고 목표를 정할 때, 자기의 성장과 변화에 초점을 두어야 합니다. 예수님도 마태복음 16장 26절에 이렇게 말씀하십니다.

> "사람이 만일 온 천하를 얻고도 제 목숨을 잃으면 무엇이 유익하리요 사람이 무엇을 주고 제 목숨과 바꾸겠느냐"

사람이 온 천하를 얻고도 자신의 목숨을 잃으면 무엇이 유익하겠습니까? 그만큼 자기 자신이 중요합니다. 온 세상과 바꿀 수 없는 소중한 사람이 자기 자신이고, 자신을 바꾸면 모든 것이 바뀐다는 것을 말씀하십니다. 하지만 그 말에 의심이 들고 부정적인 생각이 들 때가 있습니다. 지구촌에 사는 수많은 사람, 바닷가의 모래알처럼 많고 많은 사람 중에 하나인 나를 하나님이 기억하실까 의심이 듭니다. 별 볼 일 없는 나를 하나님이 관심을 가지실까 회의적인 생각이 듭니다. 그러나 성경은 우리를 향하신 하나님의 마음을 다음과 같이 기록합니다(렘 29:11).

> "여호와의 말씀이니라 너희를 향한 나의 생각을 내가 아나니 평안이요 재앙이 아니니라 너희에게 미래와 희망을 주는 것이니라"

우리를 향한 하나님의 생각은 평안입니다. 그 하나님의 생각은 우리의 미래에 희망을 줍니다. 우리는 지난 일에 마음을 둡니다. '왜 그때 그렇게 못했을까?' 하며 후회하고 아쉬워합니다. 그런데 하나님은 과거를 보지 않습니다. 미래를 보시고 희망을 보십니다. 하나님이 우리의 미래를 보고 가능성을 보시기 때문에 우리는 다시 시작할 수 있습니다.

행복의 반대는 불행입니다. 불행이라는 단어의 의미는 '잘못 보낸 시간의 보복'이라고 합니다. 공부해야 할 때 공부하지 않고, 젊음의 날에 해야 할 일은 하지 않고, 쉽고 편한 일, 재미난 일을 하기 위해 목표 없이 보낸 시간의 보복이 쌓이고 쌓여 우리에게 온 것이 불행입니다. 그래서 불행은 갑자기 오지 않습니다. 잘못 보낸 하루하루가 쌓여 우리에게 온 것입니다. 그럼에도 우리에게 소망이 있는 것은 예수님이 다시 시작할 기회를 주셨기 때문입니다. 세상은 한두 번 기회가 지나가면 그만이라고 말합니다. 기회는 다시 오지 않는다고 합니다. 기회의 문이 닫히면 열리지 않는다고도 합니다. 그러나 하나님은 우리에게 또다시 기회의 문을 열어 주십니다.

예수님은 '네 밭 비유'로 마음의 변화에 관해 말씀하십니다. 이 비유는 마태복음, 마가복음, 누가복음 세 곳에 등장합니다. 공관복음에 이 비유가 공통으로 나오는 것은 그만큼 중요하기 때문입니다. 예수님이 바닷가에 계실 때 많은 사람이 몰려왔습니다. 그때 예수님은 이들에게 밭의 비유를 통해 천국을 설명하십니다. 어쩌면 예수님이 말씀하시는 곳 가까운 비탈길에 밭이 있고 농부가 그 밭에 씨를 뿌리고 있었을지도 모릅니다.

> "뿌릴새 더러는 길 가에 떨어지매 새들이 와서 먹어버렸고"

첫 번째 밭은 '길 가'입니다(마 13:4). 씨가 길 가에 떨어집니다. 길 가에 떨어진 씨앗을 새들이 와서 다 먹어버립니다. 4절에서는 '새들'이라고 하지만, 19절에 보면 '악한 자'라고 합니다. 마가복음에는 '사탄'이라고 하고, 누가복음에는 '마귀'라고 합니다. 말씀의 씨를 악한 자, 마귀가 와서 먹어버린 것입니다. 이는 하나님의 말씀은 들었지만, 마음이 길 가인지라 씨가 뿌리내릴 틈도 없이 악한 자가 와서 그 씨를 먹어버린 모습입니다.

> "돌밭에 뿌려졌다는 것은 말씀을 듣고 즉시 기쁨으로 받되"

두 번째 밭은 돌밭입니다(마 13:20). 즉 자갈밭입니다. 자갈 사이사이로 씨는 발아되고 뿌리를 내리지만 깊이 뿌리 박지 못합니다. 잠시 견디다가 강한 햇살에 말라버립니다. 이것은 환란이나 박해 때문에 조그마한 시험이 와도 주저앉는 사람을 비유합니다.

> "가시떨기에 뿌려졌다는 것은 말씀을 들으나 세상의 염려와 재물의 유혹에 말씀이 막혀 결실하지 못하는 자요"

세 번째 밭은 가시떨기 밭입니다(마 13:22). 가시떨기에 씨가 떨어집니다. 가시떨기 틈으로 뿌리를 내리지만 곧 세상의 염려와 재물의 유혹에 말씀이 가로막혀 열매를 얻지 못합니다. 많은 사람이 이 세 번째 밭에 씨를 뿌리지 않았을까요? 매주일 예배하지만 세상의 염려, 먹고사는 문제로 근심한다면 하나님의 말씀이 들리지 않습니다. 때로는 은혜를 받은 것 같지만 잠시 후 걱정이 밀려와 열매를 맺지 못한다는 것입니다.

"좋은 땅에 뿌려졌다는 것은 말씀을 듣고 깨닫는 자니 결실하여 어떤 것은 백 배, 어떤 것은 육십 배, 어떤 것은 삼십 배가 되느니라 하시더라"

네 번째 밭은 좋은 밭입니다(마 13:23). 씨앗이 좋은 땅에 뿌려졌다고 합니다. 자갈밭도 아니고 가시떨기 밭도 아니고 길 가도 아닌 좋은 땅에 씨가 뿌려져 30배, 60배, 100배의 열매를 맺습니다.

씨뿌리는 밭 비유에서 '씨'는 하나님의 말씀입니다. 그리고 씨가 뿌려진 밭은 사람의 마음입니다. 자신이 어떤 마음 밭인지 생각해 보십시오. 사람은 네 부류로 나눠집니다. 길 가 밭 같은 사람, 돌밭 같은 사람, 가시떨기밭 같은 사람, 마지막 옥토 같아서 좋은 마음으로 하나님 말씀을 받아 30배, 60배, 100배로 열매 맺는 사람입니다. 그런데 이 비유에서 중요한 것은 씨앗이 아닌 밭입니다. 사람들의 마음 상태, 즉 밭에 문제가 있다는 것입니다. 그래서 문제가 있는 밭을 개간해야 합니다. 우리는 다시 시작할 수 있습니다. 우리 삶을 업그레이드하고 싶다면 마음을 새롭게 해야 합니다. 마음 밭을 새롭게 하지 않으면 어떤 것도 이룰 수 없습니다.

홍성남 신부가 쓴 『벗어야 산다: 속 풀어주는 심리 처방전』이라는 책이 있습니다. 그 책은 운전 중 교통사고 확률이 가장 높을 때가 언제인지 이야기합니다. 곗돈 타러 갈 때, 애인을 만나러 갈 때, 선물을 받으러 나갈 때, 기분 전환하러 나갈 때 중 어느 때일까요? 홍성남 신부는 기분 전환으로 나갈 때 사고 확률이 가장 높다고 합니다. 왜 그럴까요? 기분 전환이 필요하다는 것은 이미 마음이 상했다는 의미입니다. 상한 기분을 전환하려고 나가는 것입니다. 마음이 상하고 어두워지면 시야가 좁아집니다. 화난 상황만 생각나면서 운전이 난폭해지기도 합니다. 그래서 자칫 큰 사고로 이어질 확률이 높습니다. 작은 일도 우리의 마음과 연결되어 있습니다.

TV 프로그램 「금쪽같은 내 새끼」에 나온 내용입니다. 초등학생 아이가 앙탈을 부리며 엄마를 힘들게 합니다. 아이는 엄마를 골탕먹이며 학교에 안 가려 하고, 애써 학교에 보내놓으면 창문을 열어 뛰어내리려고 합니다. 학교 선생님도 이 아이를 감당하지 못합니다. 아이는 아주 건강해 보였습니다. 그런데 엄마를 괴롭히고 학교생활에 적응하지 못합니다. 왜 그럴까요? 마음에 문제가 있기 때문입니다. 몸은 건강한데 마음이 아픕니다. 마음이 아프면 인생을 살아가기 힘듭니다.

몸은 멀쩡한데 마음이 병들면 살기 힘듭니다. 몸이 아프면 음식맛을 느끼지 못합니다. 이처럼 우리 마음이 병들어 상해 있으면 세상에 좋은 것이 하나도 없습니다. 마음이 고장나면 기쁘지도 즐겁지도 않습니다. 세상도 아름답지 않습니다. 늘 원망과 불평이 넘칩니다.

> "모든 지킬 만한 것 중에 더욱 네 마음을 지키라 생명의 근원이 이에서 남이니라"

잠언 기자는 4장 23절에 마음을 지키라고 합니다. 우리는 지킬 것이 참 많습니다. 가정도 지키고, 자녀도 지키고, 직장, 사회생활도 지켜야 합니다. 그러나 가장 먼저 지킬 것은 우리의 마음입니다. 마음이 무너지면 인생이 무너집니다. 마음이 잘못되면 삶 자체가 잘못되기에, 더욱 지킬 만한 것 중에 마음을 지켜야 합니다.

변화의 시작

사도 바울은 로마서 12장 2절에서 이렇게 말씀하십니다.

> "너희는 이 세대를 본받지 말고 오직 마음을 새롭게 함으로 변화를 받아 하나님의 선하시고 기뻐하시고 온전하신 뜻이 무엇인지 분별하도록 하라"

바울은 이 세대를 본받지 말고 오직 마음을 새롭게 하여 변화를 받으라고 말합니다. 변화는 마음을 새롭게 바꾸는 데서 시작합니다. 오직 마음을 새롭게 함으로 변화를 받아 하나님의 선하시고 기뻐하시고 온전한 뜻이 무엇인지 분별해야 합니다. 누구나 마음을 새롭게 할 수 있습니다. 하나님은 할 수 없는 것을 요구하지 않으십니다. 그렇기에 누구나 자기 마음을 새롭게 할 수 있습니다. 또한 자신이 자기 마음을 새롭게 하지 않으면 그 누구도 마음을 바꿔줄 수 없습니다. 부모도, 자녀도, 형제도, 친구도 심지어는 하나님도 마음을 바꿔줄 수 없습니다. 다른 인생을 살고 싶다면 마음을 새롭게 해야 합니다. 마음을 새롭게 하면 어떤 유익이 있는지 다윗은 시편 37장 10절에 이렇게 말합니다.

> "잠시 후에는 악인이 없어지리니 네가 그 곳을 자세히 살필지라도 없으리로다"

성경은 잠시 후에 악인이 없어진다고 합니다. '악인'은 하나님을 대적하거나 모르는 사람입니다. 그런데 그런 사람들이 잠시 후에 보이지 않고 사라져 버린다고 합니다. 자세히 살펴도 보이지 않습니다.

> "그러나 온유한 자들은 땅을 차지하며 풍성한 화평으로 즐거워하리로다"

악인들이 사라진 그 자리를 온유한 자들이 차지합니다(시 37:11). 그리고 풍성한 화평으로 즐거워한다고 합니다. 온유한 자들은 마음이 따뜻한 사람, 좋은 밭을 가진 사람을 의미합니다. 이들은 힘이 없어 보이지만 누구보다 마음이 따뜻하고 온유하여 땅을 차지한 사람입니다. 그리고 그 차지한 땅에서 풍성한 화평으로 즐거워하며 행복을 누립니다. 예수님도 마태복음 5장 5절에 말씀하십니다.

"온유한 자는 복이 있나니 그들이 땅을 기업으로 받을 것임이요"

온유한 자는 땅을 기업으로 받는 복이 있을 것이라고 합니다. 마음 밭이 좋은 사람, 좋은 마음을 가진 사람은 복이 있다는 것입니다. 마음을 바꾸면 인생이 바뀝니다. 자신이 변하면 모든 것이 바뀝니다. 마음을 새롭게 하면 우리 인생을 바꿔 더욱 빛나게 할 수 있습니다.

마음을 새롭게 하는 두 가지

마음을 새롭게 하고 복 있는 마음으로 바꾸기 위해서 중요한 두 가지가 있습니다. 첫째, 건강한 자기 인식입니다. 건강한 자기 인식은 '나는 참 복 있는 사람이야.'라고 생각하는 것입니다. 하지만 어떤 사람들은 '참, 나는 되는 게 없네. 나는 복이 없어'라고 생각합니다. 자기를 부정하고 낮추어 보는 것은 건강하지 않은 자기 인식입니다. 스스로 '나는 복이 없어서 되는 게 없어.'라고 인식하는 사람은 그 인식대로 '되는 것이 없는' 삶을 살아갑니다.

아주대 심리학과 이민규 교수는 『변화의 시작 하루 1%』라는 책에서 '자기규정 효과(Self-definition effect)'에 대해 설명합니다. 자기규정 효과는 자기 자신을 어떻게 규정하느냐에 따라 삶이 달라진다는 것입니다. '나는 이런 사람이야.'라고 규정하면 그런 사람이 됩니다. '나는 원래 무뚝뚝한 사람이야.'라고 규정하면 무뚝뚝한 사람이 되는 것입니다. 그 사람이 무뚝뚝해진 것은 유전자 때문도 아니고 성격 때문도 아닙니다. 스스로 '나는 무뚝뚝한 사람이야.'라고 규정했기 때문입니다. 반대로 '나는 참 복 있는 사람이야.'라고 규정하면 점점 복 있는 사람이 됩니다.

우리는 자녀에게 다정하고 좋은 부모가 되고자 합니다. 다정하고 좋은 부모 혹은 좋은 배우자는 타고난 성격이나 기질로 되지 않습니다. '나는 참 다정한 사람이야. 나는 다정하고 좋은 아빠야.'라고 규정하면 그런 사람이 되는 것입니다. 자기규정은 우리의 태도와 행동을 바꾸는 힘입니다. 성경에도 자기규정을 새롭게 하면 인생이 바뀐다고 이야기합니다.

> "마음의 경영은 사람에게 있어도 말의 응답은 여호와께로부터 나오느니라"

잠언 기자는 16장 1절에 마음의 경영, 즉 마음의 계획이 중요하다고 합니다. 그러나 우리 입술의 응답은 여호와께로부터 난다고 합니다. 말을 하면 그 말은 사라지지 않고 여호와께서 그 말에 응답하신다는 의미입니다. 그래서 자기규정은 말로 선언해야 합니다. '나는 참 복 있는 사람이야', '하나님 안에서 나는 모든 것을 할 수 있어', '나는 정말 다정한 사람이야'라고 자신을 규정하고 입으로 선언하면 하나님께서 그 말에 응답하십니다. 이는 굉장한 비밀입니다.

물론 자신에 대한 이런식의 규정에 동의가 되지 않을 수도 있습니다. 무언가 부자연스럽습니다. 이는 늘 자신을 안 되는 사람으로 인식하고 살았기 때문입니다. '나는 복 있는 사람이야', '나는 다시 시작할 수 있어', '나는 뭐든지 할 수 있어'라고 하면 자기가 생각한 나와 너무 멀게 느껴져 어색합니다. 그럼에도 우리는 긍정의 선언을 해야 합니다. 입으로 시인하면 마음에 각인되고 자기규정이 되기 때문입니다. 그리고 우리가 한 말에 하나님이 응답하셔서 그렇게 만들어 가십니다.

이민규 교수는 하루 1%를 투자하면 나머지 99%는 자연스럽게 따라온다고 합니다. 물리적으로 하루 1%는 15분입니다. 하루 1%인 15분을 투자하면 나머지 99%가 거기에 수긍하고 따라옵니다. 하루의 1%, 15분 동안 주님 앞에서 혹은 거울 앞에서 자기를 긍정적으로 규정해 봅시다. '나는 참 복 있는 사람이야', '나는 뭐든지 할 수 있는 사람이야'라고 말해 봅시다. 하루에 15분을 그렇게 쓰고 주님께 기도하면 새로운 나를 보게 될 것입니다. 자신도 깜짝 놀라는 그런 사람이 되어 있을 것입니다.

우리를 복 있는 사람으로 바꾸는 두 번째 요인은 하나님 말씀을 마음에 심는 것입니다. 자기규정을 한 다음에 마음 밭에 하나님 말씀을 심어야 합니다. 시편 143장 8절에는 이렇게 기록되어 있습니다.

"아침에 나로 하여금 주의 인자한 말씀을 듣게 하소서
내가 주를 의뢰함이니이다 내가 다닐 길을 알게 하소서
내가 내 영혼을 주께 드림이니이다"

아침은 아직 사람을 만나기 전 시간으로, 마음이 고요한 시간입니다. 그 신비로운 시간에 다윗은 '나로 하여금 주의 인자한 말씀을 듣게 하소서.'라고 합니다. 고요한 심령에 주의 말씀이 임하는 것입니다. 광야에 만나를 내리듯 새벽녘에 주 앞에 나와 주의 인자한 말씀을 듣는 우리에게 주님은 다닐 길을 알려주십니다. 하루에 무슨 일을 만날지, 어떤 일을 경험할지 우리는 알 수 없습니다. 그런데 아침에 주의 인자한 말씀을 들으면, 그 하루의 1%를 통해서 99%의 남은 하루가 형통하고 좋은 일들이 생깁니다. 그리고 하나님의 영광을 위한 날이 됩니다. 아침에 주의 인자한 말씀을 들으십시오.

신체 기관 중 위는 음식물을 소화시켜 영양소를 몸 전체로 보내고 남은 것은 소장으로 내려보냅니다. 식사를 하면 음식물은 모두 위에 모입니다. 위로 모든 음식물이 모이듯, 영혼의 곳간이 있습니다. 다윗은 영혼의 곳간인 마음에 대해 시편 119장 11절에 이렇게 말합니다.

"내가 주께 범죄하지 아니하려 하여 주의 말씀을 내 마음에 두었나이다"

다윗은 영혼의 곳간인 마음에 주의 말씀을 쌓았다고 말합니다. 그럴 때 마음이 든든해지고 뿌듯해집니다. 영원한 주의 말씀을 마음에 두면 용기가 생기고 자신감이 생깁니다. 상황이 어려워도 걱정하지 않고 두려워하지 않으며 든든한 믿음으로 일어섭니다. 영혼의 곳간에 주의 말씀이 쌓여 있기 때문입니다. 영혼이 부자이기 때문입니다. 사람들이 어그러지고 삐뚤어진 길로 가며 삶을 엉터리로 사는 것은 영혼의 곳간에 하나님의 말씀이 없어서입니다. 마음을 세상 것으로만 채우니 죄를 범합니다. 마음이 부유하지 못해 그러는 것입니다. 세상 사람들은 영혼의 곳간인 마음에 하나님의 말씀을 채우는 것이 얼마나 아름답고 가치 있는 일인지 모릅니다. 그렇게 무지한 상태로 하나님과 상관없이 하루를 열심히 살아갑니다. 그러나 이는 헛된 것입니다. 시편 39장 6절에 그 모습을 설명합니다.

"진실로 각 사람은 그림자 같이 다니고 헛된 일로 소란하며 재물을 쌓으나 누가 거둘는지 알지 못하나이다"

눈을 뜨자마자 씻고 바쁘게 준비하여 직장으로 향합니다. 출근길에 많은 사람이 분주하게 움직입니다. 하나님이 주신 일의 소명을 품고 직장으로 출근하는 이들도 있지만 대다수는 그림자 같이 헛된 일, 분주하고 쓸모없는 일에 기웃대고 소란하게 하루를 살아갑니다. 재물을 붙잡으려고 분주하게 뛰어다니지만, 거둘 수 있는지는 알지 못합니다. 모두 헛된 것입니다. 무엇보다 영혼의 곳간에 하나님 말씀을 채우십시오.

"주여 이제 내가 무엇을 바라리요 나의 소망은 주께 있나이다"

다윗은 계속해서 우리의 소망이 주님께 있다고 합니다(시 39:7). 우리의 소망은 세상 부귀영화가 아닌 하나님께 있습니다. 그래서 우리 영혼의 곳간에 하나님 말씀을 쌓아야 합니다. 코이라는 열대어가 있습니다. 어항에서 자라는 코이는 5cm 정도 큰다고 합니다. 좀 더 커도 8cm 정도입니다. 그런데 이 고기를 연못에 풀어두면 25~30cm까지 자란다고 합니다. 강물에서는 1m~1m 20cm까지 자란다고 합니다. 코이는 이처럼 환경에 따라 자라는 크기가 달라집니다. 사람도 그렇습니다. 하나님의 넓은 은혜의 강물에, 은혜의 깊은 바다에 우리를 풀어두면 우리는 끝없이 성장할 것입니다. 기도는 하나님이 베풀어주시는 은혜의 강물에 우리를 풀어놓는 행위입니다. 한없는 은혜의 강물에 뛰어드십시오.

"좋은 땅에 뿌려졌다는 것은 말씀을 듣고 깨닫는 자니

결실하여 어떤 것은 백 배, 어떤 것은 육십 배, 어떤 것은 삼십 배가 되느니라 하시더라"

우리는 다시 시작할 수 있습니다. 1%로 갈 수 있습니다. 가장 중요한 것은 주님의 말씀을 받을 수 있는 좋은 땅이 되어야 합니다(마 13:23). 그래서 마음을 새롭게 해야 합니다. 자신을 긍정적으로 규정해야 합니다. '나는 참 복 있는 사람이야.'라는 건강한 자기 인식을 가지십시오. 그리고 영혼의 곳간에 주의 말씀을 쌓고, 기도로 자신을 은혜의 강물에 풀어놓으십시오. 그럴 때 우리는 날로 새로워져 마침내 30배, 60배, 100배의 열매를 맺게 될 것입니다.

3장
마음을 정하면 길이 보인다

시편
57:6-11

6 그들이 내 걸음을 막으려고 그물을 준비하였으니 내 영혼이 억울하도다 그들이 내 앞에 웅덩이를 팠으나 자기들이 그 중에 빠졌도다 (셀라) 7 하나님이여 내 마음이 확정되었고 내 마음이 확정되었사오니 내가 노래하고 내가 찬송하리이다 8 내 영광아 깰지어다 비파야, 수금아, 깰지어다 내가 새벽을 깨우리로다 9 주여 내가 만민 중에서 주께 감사하오며 뭇 나라 중에서 주를 찬송하리이다 10 무릇 주의 인자는 커서 하늘에 미치고 주의 진리는 궁창에 이르나이다 11 하나님이여 주는 하늘 위에 높이 들리시며 주의 영광이 온 세계 위에 높아지기를 원하나이다

한 해의 끝에 서면 늘 아쉬움이 남습니다. 지나온 시간이 후회됩니다. '좀 더 잘 할걸', '좀 더 사랑할걸' 후회하며 새해에는 새롭게 시작할 것을 결심합니다. 새로운 시작은 기대와 흥분도 있지만 한편 두려움도 있습니다. 이럴 때 우리는 어떻게 해야 할까요? 예수님은 새 포도주는 새 부대에 담아야 한다고 말씀하셨습니다. 새 포도주는 예수님을 뜻하지만, 오는 세대도 의미합니다. 그 세대에 걸맞은 새로운 부대를 준비해야 합니다. 오는 세대를 바꾸려 하지 말고 우리 마음을 새것에 맞게 새 부대로 만들어야 합니다.

우리나라 사람들은 맛집을 좋아합니다. 전국에 있는 유명 맛집을 찾아다니는 사람도 있습니다. 그런데 주방장이 바뀌어 음식 맛이 달라지면, 손님들의 발길이 점차 끊어집니다. 사람들은 다른 맛집을 찾아갑니다. 음식이 내 입에 맞지 않으면 다른 식당으로 발걸음을 옮기면 그만입니다. 삶도 이렇게 바꿀 수 있다면 얼마나 좋을까요? 우리 앞에 만나는 어려운 일을 식당을 바꾸듯 바꿀 수 있다면 얼마나 좋겠습니까? 하지만 그럴 수 없습니다. 인생은 어려운 일이 계속 생깁니다. 건널 수 없는 세찬 여울목 같은 일, 넘을 수 없는 큰 산 같은 일이 닥쳐와 우리를 가로막습니다. 한 치 앞을 내다볼 수 없는 캄캄한 밤을 맞기도 합니다. 이제 무엇을 어떻게 해야 이 상황에서 벗어날 수 있을까요?

RE-Start

다윗에게 고난이 찾아왔습니다. 시편 57장에는 다윗이 얼마나 힘든 상황인지 기록되어 있습니다. 시편 57장을 설명한 표제어는 '다윗의 믹담시, 다윗이 사울을 피하여 굴에 있던 때'입니다. 다윗은 십 년 동안 사울을 피해 도망 다녔습니다. 자기를 죽이려는 사울을 피해 도망을 다녔는데 이제는 숨을 곳이 없습니다. 쫓기는 개처럼 겁이 나서 마음을 졸이며 굴속에 숨었습니다. 십 년의 긴 시간, 자기를 죽이려고 쫓아오는 사울에게서 도망치지 않고 오히려 사울에 맞섰다면 전세는 역전될 수도 있었습니다. 하지만 다윗은 그렇게 하지 않았습니다. 다윗처럼 우리에게도 여전히 문제가 있고, 언제 죽을지도 모르는 상황이라면 어떻게 해야 할까요? 가장 먼저 문제가 아닌 마음을 바꿔야 합니다. 다윗은 시편 57장 7절에 이렇게 말합니다.

"하나님이여 내 마음이 확정되었고 내 마음이 확정되었사오니 내가 노래하고 내가 찬송하리이다"

다윗은 깊은 굴속에서 '나는 더 이상 우울해하지 않겠다. 두려워하며 살지 않겠다.'라고 마음을 정합니다. "하나님이여 내 마음이 확정되었고 내 마음이 확정되었습니다."라고 말합니다. 다윗은 여전히 쫓기고 있고, 굴 속에 있으며 문제가 해결되지 않았지만, 마음을 결정합니다. '이제 나는 두려워하면서 살지 않을래. 우울하게 살지 않을래.' 그렇게 마음을 확정합니다.

마음은 신비합니다. 창조주 하나님은 우리 마음도 지으셨습니다. 마음에는 법칙이 있습니다. 마음을 정하지 않고 계속 흘러가는 대로 두면 마음이 엉켜 복잡해집니다. 마음이 흔들리고 잡다한 생각에 흐트러지며 염려가 몰아쳐 옵니다. '아, 이러다가 내가 죽는 것은 아닐까?', '이러다가 끝나는 게 아닐까?'하는 부정적인 마음이 듭니다. 마음을 정하기 전에는 그렇습니다. 그런데 마음을 정하니 입술에서 찬양이 흘러나옵니다. 두렵고 괴로운 상황 속에서도 마음의 여유가 생깁니다. 노래하고 찬송할 수 있는 마음의 방이 생깁니다. 슬프고 억울했던 마음을 바꾸어 확정하니 찬송이 나옵니다(시 57:9).

"주여 내가 만민 중에서 주께 감사하오며 뭇 나라 중에서 주를 찬송하리이다"

이제 찬송할 수 있고 감사할 수 있게 된 것입니다. 마음을 정하고 나니 마음속에 시온의 대로가 열린 것입니다. 캄캄해서 아무것도 보이지 않던 마음에 주를 향한 길이 열리고, 살길이 보입니다.

신학자 칼 폴 라인홀드 니버(Karl Paul Reinhold Niebuh)의 『평온을 비는 기도』에는 유명한 기도문이 있습니다. 어려운 일들을 많이 만났던 니버는 평온을 비는 기도를 하였습니다.

하나님, 바꿀 수 없는 것은 받아들이는 평온을,
바꿀 수 있는 것은 바꾸는 용기를
또한 그 차이를 구별하는 지혜를 주옵소서.
하루하루 살게 하시고, 순간순간 누리게 하시며
고통을 평화에 이르는 시련쯤으로 받아들이게 하옵고,
죄로 물든 세상을 내 뜻대로가 아니라
예수님처럼 있는 그대로 받아들이게 하옵시며,
당신의 뜻에 순종할 때
당신께서 모든 것을 바로 세우실 것을 믿게 하셔서,
이 땅에서는 사리에 맞는 행복을,
저세상에서는 다함이 없는 행복을
영원토록 누리게 하옵소서.

그는 바꿀 수 없는 것은 담담히 받아들이는 은혜를 달라고 합니다. 우리가 바꿀 수 있는 일들은 변화시킬 수 있는 용기를 주시고,

바꿀 수 있는 것과 바꿀 수 없는 것을 분별할 줄 아는 지혜를 달라고 기도합니다. 이것이 삶의 지혜입니다. 인생이 복잡하고 어려운 이유는 바꿀 수 없는 문제를 해결하려고 하기 때문입니다. 그래서 해결할 수 없는 일을 받아들일 수 있는 은혜를 구해야 합니다. 또한 바꿀 수 있는 것은 담대하게 바꿀 수 있는 용기를 구해야 합니다. 바꿀 수 있는 것과 바꿀 수 없는 것을 구별할 줄 아는 지혜를 달라고 기도해야 합니다.

주님 손에 맡기는 기도

마음을 정한다고 문제가 사라지지는 않습니다. 마음을 정한 이후 그다음은 어떻게 해야 할까요? 다윗은 자신에게 당면한 문제를 하나님께 맡깁니다. 안 되는 일은 아무리 매달려도 되지 않습니다.

다윗의 삶은 고통스러웠습니다. 시편 57장 1절 후반절을 보니 "내 영혼이 주께로 피하되 주의 날개 그늘 아래에서 이 재앙들이 지나기까지 피하리이다."라고 고백합니다. 그냥 어려운 정도가 아니고 재앙 가운데 있다고 할 정도로 힘든 상황입니다. 4절을 보니 "내 영혼이 사자들 가운데에서 살며 내가 불사르는 자들 중에 누웠으니 곧 사람의 아들들 중에라 그들의 이는 창과 화살이요 그들의 혀는 날카로운 칼 같도다."라고 합니다. 자신의 영혼이 으르렁거리는 사자들 가운데 있는 것처럼 아무것도 할 수 없다고 합니다. 사자들이 자기를 죽이려 하며 자기를 불사르는 자들 중에 누웠다고 합니다. 불로 태워버리려고 하는 사람들이 주변에 있는데 할 수 있는 일이 없어 그냥 가만히 누워 있다는 것입니다. 그들의 이는 창과 화살 같고, 그들의 혀는 날카로운 칼 같다고 합니다. 비난하고 욕하는 이들로 다윗은 얼마나 억울할까요?

비수같이 자기를 찌르고 죽이려고 하는 상황 속에서 다윗이 할 수 있는 일은 없었습니다. 사울에게 발견되면 당장 죽임을 당할 수밖에 없습니다. 그냥 '사울에게 가서 항복하고 살려달라고 할까?' 그런 마음이 왜 안 들었겠습니까! 나라의 왕이 앞장서서 자기를 죽이려고 하는데 누가 나서서 자기를 구할까요? 다윗의 미래가 사울왕 손에 있는 것 같습니다. 사울 앞에 나가 살려달라고 애원하는 길밖에 없는 것 같습니다. 그런데 시편 31장 15절에 보니 다윗은 전혀 다른 말을 합니다.

> "나의 앞날이 주의 손에 있사오니 내 원수들과 나를 핍박하는 자들의 손에서 나를 건져 주소서"

다윗은 자신의 앞날이 사울의 손이 아닌 주님의 손에 있다고 합니다. 다윗은 주님을 바라본 것입니다. 여러분의 앞날도 주님 손에 있습니다. 여러분이 다니는 직장 상사의 손에 있지 않고, 세상 권력자의 손에 있지 않습니다. 많은 사람이 세상 재물에 인생이 좌지우

지되는 줄 알고 믿음도 버리고 하나님도 버리는 어리석은 일을 합니다. 하지만 다윗은 자신의 앞날이 주의 손에 있다는 것을 믿고 하나님께 기도했습니다. 삶이 복잡하고 어려울수록, 문제가 풀리지 않을수록 기도해야 합니다. 우리 힘으로 문제를 해결하려고 하지 말고, 문제를 하나님께 맡겨야 합니다. 시편 57장 2절에는 다윗이 하나님께 기도하는 장면이 나옵니다.

> "내가 지존하신 하나님께 부르짖음이여 곧 나를 위하여 모든 것을 이루시는 하나님께로다"

다윗은 지존하신 하나님께 부르짖었습니다. 조곤조곤 아뢰지 않았습니다. 왜 그랬을까요? 자신의 앞날이 하나님의 손에 있다는 것을 알기에 살려달라고 하나님께 부르짖는 것입니다. 기도하면 하나님이 들으십니다. 하나님이 문제를 해결해 주시거나 그 문제를 이길 힘을 주십니다. 어떤 형태로든 응답해 주십니다. 문제 때문에 근심하지 마십시오. 문제가 있다면 하나님께 기도하면 됩니다. 하나님께 부르짖으면 됩니다. 근심한다고 문제가 해결되지 않습니다. 안 되는 일, 사람이 어찌할 수 없는 일이 있다면 근심하지 말고 하나님께 맡기고 기도하십시오.

믿음의 연상법

믿음의 연상법을 사용하십시오. 그러면 우리의 기도가 더 뜨거워지고 깊어집니다. 믿음의 연상법을 다른 말로 표현하면 상상력입니다. 보이지 않는 것을 보이도록 상상하는 것입니다. 『사이코 사이버네틱스』의 저자 맥스웰 몰츠(Maxwell Maltz)는 우리 마음의 영화관에 대해 말합니다. 살아온 순간, 행복했던 시간을 마음의 스크린에 떠올리면 행복감을 느낄 수 있다고 합니다. 행복한 순간을 떠올리며 생각의 스위치를 켜고 밝게 빛나는 자신의 미래를 상상해 보는 것입니다. 아인슈타인은 이런 이야기를 합니다.

'당신의 상상력은 당신이 살게 될 멋진 미래의 영화의 예고편과 같다.'

우리 미래는 생각하는 대로, 상상하는 대로 흘러갑니다. 기억력은 하나님이 주신 능력입니다. 과거를 기억해 내는 능력이 기억력입니다. 하나님은 과거를 기억하는 능력과 함께 미래를 그리는 능력도 주셨습니다. 이를 상상력이라고 합니다. 사람들은 지나간 일은 잘 기억해 그려내지만, 미래는 잘 그려내지 못합니다. 미래를 그리는 상상력을 발휘하지 않습니다. 하나님은 우리가 상상력을 사용하길 원하십니다. 기도할 때 이런 믿음의 연상법이 필요합니다. 다윗은 믿음의 연상법을 사용한 기도를 보여줍니다(시 57:1).

> "하나님이여 내게 은혜를 베푸소서 내게 은혜를 베푸소서 내 영혼이 주께로 피하되 주의 날개 그늘 아래에서 이 재앙들이 지나기까지 피하리이다"

다소 평범한 기도문 같습니다. '하나님, 내게 은혜를 주십시오.'라고 우리의 기도와 별반 다르지 않습니다. 하지만 기도의 뒷부분에서 '내 영혼이 주께로 피하되 주의 날개 그늘에서 이 재앙들이 지나가기까지 피하리이다.'라고 고백합니다. 다윗은 지금 바르르 떨면서 깊은 굴속에 숨어 있습니다. 하지만 그곳에서 믿음의 연상법으로 하나님이 날개를 펴서 자기를 감싸 안는다고 말합니다. 그리고 '주의 날개 그늘에서 이 재앙들이 지나기까지 피하겠습니다.'라고 고백합니다. 주님의 날개 안에 폭 안긴 상상만으로 다윗은 큰 위로를 받습니다. 다윗은 '하나님이 자기를 다 듣고 계시다.'라는 표현을 자주 사용합니다. 또한 주님은 우리의 '반석'이라고 표현합니다. 그 반석, 큰 바위에 들어가면 우리는 안전합니다. 이것이 믿음의 연상법입니다. 주님은 우리의 산성이십니다. 강한 산성에 둘러싸여 있는데 누가 공격하겠습니까? 다윗은 하나님이 산성이시고, 반석이시며, 우편에 그늘 되셔서, 큰 날개로 자신을 품고 계신다고 연상했습니다.

우리는 어려움을 당할 때 이 고통 속에 혼자만 있다고 생각합니다. 그때 하나님의 큰 손이 자신을 감싸고 있다는 믿음의 연상을 하십시오. 실제로 하나님은 우리와 늘 함께 계십니다. 그것을 우리가 믿음으로 바라볼 뿐입니다. 주님은 언제나 우리와 함께 계시고, 주님의 큰 손으로 우리를 붙잡고 계십니다.

이스라엘 백성은 유월절 첫날밤에 어린 양을 잡아 피를 문설주에 바릅니다. 유월절 어린 양은 장차 오실 예수님에 대한 예고입니다. 실제로 예수님은 유월절 어린 양으로 오셔서 우리 죄를 다 짊어지고 십자가를 지셨습니다. 성경은 예수님이 우리 죄를 대신 지고 가는 아사셀 양이 되셨다고 말합니다. 괴롭고 힘든 일을 당할 때 우리는 혼자가 아닙니다. 기도할 때 이 믿음의 연상법을 사용하십시오. 예수님이 못 박히신 손으로 우리를 안수하는 모습, 예수님이 우리를 꼭 안아주시는 모습을 상상하십시오. 더욱 풍성한 주님의 위로를 경험할 것입니다.

주님여 이 손을 꼭 잡고 가소서 약하고 피곤한 이 몸을
폭풍우 흑암 속 헤치사 빛으로 손 잡고 날 인도 하소서
인생이 힘들고 고난이 겹칠 때 주님여 날 도와 주소서
외치는 이 소리 귀 기울이시사 손 잡고 날 인도 하소서

믿음의 연상법으로 기도하면 기도가 찬양이 되고, 찬양이 기도가 됩니다. 폭풍 속으로 걸어가도 주님이 우리 손을 잡고 있다는 것을 믿음으로 상상하면 두렵지 않습니다. 이는 허황된 것이 아닙니다. 어떤 상황에서도 주님은 우리와 함께하십니다. 그것을 우리는 믿음으로 그려보고 바라보는 것입니다.

찬양하고 기도할 때 눈물이 흐르고 가슴이 벅차오릅니다. 하나님이 우리를 그렇게 만드셨기에 그렇습니다. 시편 22장 3절에 보면 하나님은 이스라엘의 찬송 중에 계신다고 합니다. 하나님은 찬송을 좋아하십니다. 하나님은 우리가 믿음의 연상법으로 찬송하다가 기도하고, 기도하다가 찬송하는 것을 좋아하십니다. 그래서 우리는 고달프고 괴로운 순간에도 하나님 앞에서 믿음의 연상법으로 기도하는 것입니다.

시편 57장은 다윗의 기도로 시작해서 다윗의 기도로 끝납니다. 다윗은 서러움과 억울함을 토로하며 기도합니다. 그러면서 점차 마음이 확정되었다고 합니다(시 57:7).

> "하나님이여 내 마음이 확정되었고 내 마음이 확정되었사오니 내가 노래하고 내가 찬송하리이다"

처음에는 살려달라고, 고쳐 달라고 문제에만 집중했지만 기도가 깊어지면서 하나님 앞에 마음이 확정된 것입니다.

청년 시절에 저는 뜻 없이 밤을 새우고 기도를 했습니다. 초저녁에는 하나님께 부르짖으며 "주님, 이것이 필요합니다. 이것을 주십시오."라고 기도하다가, 새벽 한두 시가 되어 기도가 깊어지면서 부르짖는 소리가 잠잠해지고 조용해집니다. 무엇을 달라는 기도는 사라지고 마음 깊은 곳에서 "주님, 저는 주님이 너무 좋습니다."라는 고백이 흘러나옵니다. 그러면 주님이 "아들아, 나도 네가 너무 좋다"라고 말씀하십니다. 주님이 저와 함께하기에 그 어떤 것도 필요하지 않습니다.

다윗이 지금 그렇게 하고 있습니다. 고통스러우니 은혜를 달라고, 이 재앙이 지나가게 해달라고 기도하다가 시간이 흐르면서 마음이 정해진 것입니다. 하나님의 은혜가 임하니 마음이 확정되고 확정이 되었다고 합니다. 힘들고 어려울 때, 마음을 정해야 합니다. 다윗은 7절에서 '내가 노래하고 찬송하겠다.'라고 정했습니다. 처음에는 구하며 이거 달라, 저거 달라고 하다가 어느새 마음이 정해지면서 '내가 찬양하고 노래하겠습니다.'라고 말합니다.

그랬더니 8절을 보면 '내가 새벽을 깨우리로다.'라고 합니다. 용기가 생긴 것입니다. 11절은 '하나님이여 주는 하늘 위에 높이 들리시며 주의 영광이 온 세계 위에 높아지기를 원하나이다.'라고 찬양하며 하나님께 영광을 올려드립니다. 자신은 비록 굴 속에 있지만 '주님의 이름은 높아지기를 원합니다.'라고 고백합니다. 하나님만 높이기로 결심한 것입니다. 어떻게 다윗의 마음이 바뀌었을까요?

'이 문제는 내가 해결할 수 없다. 다만 나는 주님을 높이겠다.'라고 마음을 확정했기 때문입니다. 하나님과의 관계가 견고해지면 인생도 견고해집니다. 하나님과의 관계가 소원해지면 인생은 흔들리게 됩니다.

이제 마음을 정하십시오. 주님과 함께 있기로, 주님 손을 붙잡고 살기로 마음을 정하면 어떤 문제도 문젯거리가 되지 않습니다. 마음이 든든해집니다. 사도 바울도 로마서 14장 8절에 이렇게 고백합니다.

> “우리가 살아도 주를 위해 살고 죽어도 주를 위해 죽나니 그러므로 사나 죽으나 우리가 주의 것이로다”

이제는 사는 것도 죽는 것도 걱정 없다고 말합니다. 마음을 정하니 ‘살아도 죽어도 나는 주님의 것으로 산다. 그러니 이제부터는 그 어떤 일도 문제가 되지 않는다’라고 하는 것입니다. 하나님께 마음을 정하면 살길이 보입니다. 주님 손에 모든 일을 맡기며, 그분의 손을 꼭 붙잡고 승리하십시오.

4장
눈에 보이지 않아도 길은 있다

여호수아 6:1-7

1 이스라엘 자손들로 말미암아 여리고는 굳게 닫혔고 출입하는 자가 없더라 2 여호와께서 여호수아에게 이르시되 보라 내가 여리고와 그 왕과 용사들을 네 손에 넘겨 주었으니 3 너희 모든 군사는 그 성을 둘러 성 주위를 매일 한 번씩 돌되 엿새 동안을 그리하라 4 제사장 일곱은 일곱 양각 나팔을 잡고 언약궤 앞에서 나아갈 것이요 일곱째 날에는 그 성을 일곱 번 돌며 그 제사장들은 나팔을 불 것이며 5 제사장들이 양각 나팔을 길게 불어 그 나팔 소리가 너희에게 들릴 때에는 백성은 다 큰 소리로 외쳐 부를 것이라 그리하면 그 성벽이 무너져 내리리니 백성은 각기 앞으로 올라갈지니라 하시매 6 눈의 아들 여호수아가 제사장들을 불러 그들에게 이르되 너희는 언약궤를 메고 제사장 일곱은 양각 나팔 일곱을 잡고 여호와의 궤 앞에서 나아가라 하고 7 또 백성에게 이르되 나아가서 그 성을 돌되 무장한 자들이 여호와의 궤 앞에서 나아갈지니라 하니라

눈에 보이지 않아도

살다 보면 앞길이 막힐 때가 있습니다. 길이 보이지 않을 때, 방법이 없을 때 애가 타고 속이 탑니다. 하지만 눈에 보이지 않아도 길은 있습니다. 물리적인 눈은 한계가 있습니다. 세상은 '운명을 거스를 사람은 없다.'라고 말하며 길을 포기하게 합니다. 그런데 굳어버린 운명을 뛰어넘게 하는 것이 있습니다. 바로 용기입니다. 용기가 있으면 운명이 길을 비켜주지만, 주저앉으면 운명에 걸려 넘어지게 됩니다.

운명을 넘어서게 하는 강력한 힘인 용기를 조금씩 갉아 먹는 것이 있습니다. 바로 염려입니다. 우리도 모르게 우리 속에 들어온 염려라는 벌레가 의지와 용기를 조금씩 갉아 먹습니다. 그런데 염려하고 두려워하는 이유는 길을 모르기 때문입니다. 길이 보이지 않고, 어떻게 가야 할지 모르니 막막한 것입니다. 그러나 분명한 것은 우리 눈에 길이 보이지 않아도 길은 분명 있습니다. 이 전제가 매우 중요합니다. '내 눈에 안 보여도 길이 있을 거야, 방법이 있을 거야.' 라고 믿는 것과 '보이지 않는 것을 보니 길이 없구나.' 하며 좌절하는 것은 엄청난 차이가 있습니다.

사람들은 눈에 보이는 대로 판단합니다. 눈앞에 놓인 길을 보고 환호하기도 하고 좌절하기도 합니다. 우리는 지금껏 눈에 보이는 대로 판단하고 살았습니다. 우리 눈에 길이 보이지 않으면 좌절하고 두려워 주저앉습니다. 눈에 보이는 대로 판단하지 마십시오. 눈에 보이지 않아도 믿음의 눈으로 재해석할 수 있어야 합니다. 하나님의 눈으로 해석하면 뛰어넘지 못할 산이 없습니다.

이스라엘 백성이 용기를 내어 가나안으로 진입합니다. 앞서 주저하던 이스라엘 백성은 물이 가득찬 요단강을 마른 땅으로 걷는 역사를 경험했었습니다. 그리고 이제 가나안 땅을 향해 첫발을 내딛습니다. 그런데 이들 앞에는 여리고 성이 가로막고 있습니다. 이 성을 넘어야 가나안 땅을 차지할 수 있습니다.

> "이스라엘 자손들로 말미암아 여리고는 굳게 닫혔고 출입하는 자가 없더라"

여리고 성은 이스라엘 백성의 소문을 듣고 문을 굳게 잠갔습니다(수 6:1). 출입하는 사람도 없습니다. 고고학자들에 의하면 여리고 성은 당시 세상에서 가장 오래되고 견고한 성이었다고 합니다. 높이가 무려 16m입니다. 고대 사회에서 16m는 굉장히 높은 성입니다. 성벽 두께는 6m라고 합니다. 성벽은 내벽과 외벽으로 구성되었고, 그 사이 통로의 너비는 무려 3m였습니다. 높이 16m, 폭 6m, 내벽과 외벽 사이의 통로가 3m나 되는 거대한 여리고 성이 이스라엘 백성 앞을 가로막고 있는 것입니다. 여리고 성이 얼마나 튼튼하고 견고한지 정탐꾼들은 다음과 같이 보고합니다(민 13:28).

> "그러나 그 땅 거주민은 강하고 성읍은 견고하고 심히 클 뿐 아니라 거기서 아낙 자손을 보았으며"

여리고 성에 사는 거주민은 강하고 성읍은 무척 견고하고 매우 컸습니다. 그곳에 사는 아낙 자손은 기골이 장대한 거인의 후손입니다. 힘이 아주 센 사람들입니다. 여리고 성 앞에 선 이스라엘 백성의 모습은 거인 앞에 선 어린아이와 같습니다. 여리고 성을 보고 얼마나 두려웠겠습니까! 사람은 당황하거나 겁을 먹으면 머릿속이 하얘집니다. 아무 생각도 나지 않습니다. 두려움으로 자신감이 사라집니다. 불가능한 것만 보입니다. 시험이 들어 마음이 틀어지면 바늘구멍 하나 들어갈 틈도 없이 마음이 닫힙니다.

미국의 심리학자이자 작가인 웨인 월터 다이어(Wayne Walter Dyer)의 『마음의 태도』라는 책에는 '열린 마음과 닫힌 마음'에 대한 내용이 나옵니다. 닫힌 마음을 가진 사람은 주어진 상황을 외면합니다. 환경을 탓하고 주어진 가능성을 외면합니다. 쉽게 말하면 포기하는 것으로 마음의 걸쇠를 굳게 잠급니다. 사람들은 어떤 일로 마음이 닫히면 '시험 들었다.'라고 표현합니다. 시험이 든 사람은 마음이 꽉 막혀 남의 말을 잘 듣지 않습니다. 반면에 열린 마음은 어떤 상황 속에서도 가능성을 봅니다. '눈에 보이지는 않지만 길이 있을 거야.'라고 생각합니다. 그래서 새로운 길을 찾습니다. 믿음의 눈을 갖고 있다면 길이 없을 수가 없습니다. 눈에 보이지 않아도 길은 분명히 있습니다. 이스라엘 백성이 여리고 성이 거인처럼 자신들을 막고 있다고 생각할 때, 하나님은 말씀하십니다(수 6:2).

> "여호와께서 여호수아에게 이르시되 보라 내가 여리고와 그 왕과 용사들을 네 손에 넘겨주었으니"

하나님은 이스라엘 백성에게 "여리고 성을 네 손에 넘겨줄 거야."라고 말씀하지 않으셨습니다. 미래형이 아니라 '네 손에 넘겨주었으니'라고 현재 완료형으로 말씀하셨습니다. 이는 여리고 성이 너희 앞에 버티고 있지만, 사실 저 성은 이미 '너희 것'이라는 말씀입니다. 이제 이스라엘 백성의 일은 진격하여 그 성을 함락시키는 것입니다. 용기를 가지고 나아가면 됩니다. 이미 모든 준비가 되어 있습니다. 그런데 그 쉬운 방법이 도저히 이해되지 않습니다. 하나님이 알려주신 여리고 성 함락 전략과 방법이 도통 이해되지 않습니다. 하나님의 방법은 다음과 같습니다(수 6:3-4).

"너희 모든 군사는 그 성을 둘러 성 주위를 매일 한 바퀴씩 돌되 엿새 동안을 그리하라 제사장 일곱은 일곱 양각 나팔을 잡고 언약궤 앞에서 나아갈 것이요 일곱째 날에는 그 성을 일곱 번 돌며 그 제사장들은 나팔을 불 것이며"

하나님은 이스라엘 백성에게 "여리고 성을 하루에 한 바퀴씩 엿새 동안 계속 돌아라."라고 말씀하십니다. 그리고 일곱째 날에는 일곱 바퀴를 돌고 크게 외치라고 하십니다. 어린아이가 들어도 이해할 수 없는 방법입니다. 성을 돈다고 성이 무너질까요? 하지만 하나님은 '첫째 날에 한 바퀴, 둘째 날에 한 바퀴, 그렇게 6일 동안 계속 한 바퀴씩 돌라.'고 하십니다. 이 방법이 이해되지 않는 백성들은 '하나님 그것 말고 다른 방법은 없나요?'라고 묻고 싶었을 것입니다. 그런데 하나님의 대답은 단호합니다. "없다. 그것이 여리고 성을 무너뜨릴 방법이다."

우리는 눈에 보이는 것만 믿습니다. 손에 잡히는 것만 신뢰합니다. 머릿속에 이해되는 것과 합리적인 것만 신뢰하며 살아왔습니다. 그런데 하나님께서 '하루에 한 바퀴씩 돌아라.'라고 말씀하십니다. 이해도 안 되고, 합리적이지도 않고, 상식적이지도 않습니다. 하지만 여리고를 점령하는 방법은 이 방법밖에 없습니다. 하나님 말씀대로 순종하며 돌아야 합니다. 이해는 안 되지만 용기를 가지고 여리고 성을 돌면 됩니다.

목적지에 도착하려면 출발부터 해야 합니다. 출발하지 않고 도착할 수는 없습니다. 그런데 우리는 자꾸 무언가 더 있어야 한다고 생각합니다. 하지만 새로운 것을 가지려면 가지고 있던 것을 놓아야 합니다. 그래야 새로운 것을 얻을 수 있습니다. 하나님은 이스라엘 백성에게 그 성을 차지하려면 먼저 출발해야 하고, 기존에 가지고 있던 생각을 내려놓아야 한다고 말씀하십니다.

말씀의 언약궤를 메고

성을 무너뜨리기 위해서는 하나님의 방법을 따라야 합니다. 성을 도는 것과 함께 중요하게 지켜야 할 것이 있었습니다(수 6:4).

> "제사장 일곱은 일곱 양각 나팔을 잡고 언약궤 앞에서 나아갈 것이요 일곱째 날에는 그 성을 일곱 번 돌며 그 제사장들은 나팔을 불 것이며"

여리고 성을 돌 때 제사장 일곱은 일곱 양각 나팔을 잡고 언약궤 앞에서 나아가야 했습니다. 이스라엘 백성끼리 나가봐도 소용없다는 뜻입니다. 반드시 언약궤를 메고 가야 했습니다. 요단강을 건널 때 언약궤를 멘 제사장이 발을 물속에 담그니 마른 땅이 된 것과 같습니다. 이스라엘 백성만 가면 소용 없습니다. 하나님의 임재의 언약궤를 메고 여리고 성을 돌아야 합니다(수 6:6).

> "눈의 아들 여호수아가 제사장들을 불러 그들에게 이르되 너희는 언약궤를 메고 제사장 일곱은 양각 나팔 일곱을 잡고 여호와의 궤 앞에서 나아가라 하고"

눈의 아들 여호수아가 제사장들에게 "너희는 언약궤를 메고 가야 한다. 언약궤 앞에서 돌아야 한다."라고 말합니다. 가장 중요한 것은 제사장의 수가 아니라, 언약궤를 메고 가는 것입니다. 이어서 여호수아는 말합니다(수 6:7).

> "또 백성에게 이르되 나아가서 그 성을 돌되 무장한 자들이 여호와의 궤 앞에서 나아갈지니라 하니라"

아무리 싸움을 잘해도 여호와의 궤가 없으면 의미가 없습니다. 제사장은 하나님 임재의 상징인 언약궤를 메고, 백성은 언약궤를 중심으로 여리고 성을 돌며 뒤를 따라갑니다. 눈을 들고, 고개를 들면 언약궤가 보입니다. 하나님만 바라보라는 것입니다. 우리가 아무리 열심히 살아도 하나님이 없다면 인생은 무의미합니다. 사람들은 배짱으로 살고 호기를 부리며 "까짓것 한번 해보지 뭐. 죽기 아니면 살기로 해보지."라며 이판사판으로 살기도 합니다. 객기를 부리는 것입니다. 하지만 진짜 용기는 하나님 말씀 붙잡고 하나님과 함께 성을 도는 것입니다. 그들끼리 여리고 성을 열 바퀴 돌아도 아니 스무 바퀴 돌아도 아무런 변화가 없습니다. 언약궤를 메고 가는 것이 중요합니다. 이것이 인생의 지혜입니다. 정말 열심히 사는 사람들이 있습니다. 그러나 하나님이 그들과 함께하지 않으면, 언약궤를 앞에 메고 가지 않으면, 좋은 결과는 얻을 수 없습니다. 시편 119장 105절 말씀도 이를 분명히 합니다.

> "주의 말씀은 내 발에 등이요 내 길에 빛이니이다"

주님의 말씀이 내 발의 등입니다. 어두운 세상에서 주의 말씀의 빛을 따라가는 것이 '내 길에 빛'입니다. 주의 말씀을 붙잡고 말씀과 함께 가야 합니다. 그래야 여리고 성은 무너집니다. 이제 이스라엘 백성은 용기를 냅니다. 그리고 하나님의 방법대로 여리고 성을 돌기로 합니다. 하지만 용기로는 부족합니다. 그들을 성공에 이르게 하는 것이 하나 더 있습니다(수 6:11).

> "여호와의 궤가 그 성을 한 번 돌게 하고 그들이 진영으로 들어와서 진영에서 자니라"

성경은 여호와의 궤가 그 성을 한 번 돌게 하고 이스라엘 백성은 진영으로 돌아가 잤다고 기록되어 있습니다. 무엇이 성을 돌았나요? 여호와의 궤입니다. 제사장이 여호와의 궤를 메고 앞서가면 백성이 그 뒤를 따라갑니다. 이때 백성이 돌았다고 하지 않습니다. 여호와의 궤가 성을 돌게 하고 백성이 함께 도는 것입니다. 그리고 진으로 돌아와 잠을 잡니다. 그들이 한 일은 그저 여호와 궤를 따라 여리고 성을 한 바퀴 돈 것뿐입니다. 14절도 동일한 말씀입니다.

> "그 둘째 날에도 그 성을 한 번 돌고 진영으로 돌아오니라 엿새 동안을 이같이 행하니라"

둘째 날에도 그들은 성을 한 바퀴 돌았습니다. 법궤를 메고 엿새 동안 계속 한 바퀴 돈 것 외에 그들이 한 일은 없습니다. 첫날에는 "한 번 가보자. 하나님 말씀하시니 가보자."라고 했을 것입니다. 용기를 내어서 한 바퀴 돌고 진영으로 돌아왔습니다. 둘째 날도 돌았습니다. 사흘째 돌았을 때 성에 금이 가거나 돌덩어리 하나라도 떨어졌다면 이스라엘 백성은 의심하지 않고 여리고 성을 돌았을 것입니다. 닷새째, 엿새째 날에 성이 갈라지고 균열이 보였다면 '아 뭔가 되는구나.' 했을 것입니다. 그런데 아무 일도 일어나지 않습니다. 용기가 점점 사라집니다. '안 되는 거구나. 무너질 기미가 보이지 않아.' 서서히 힘이 빠집니다. 이럴 때 어떻게 하면 좋을까요?

엔젤라 리 더크워스(Angela Lee Duckworth)는 베스트셀러 『그릿 GRIT(IQ, 재능, 환경을 뛰어넘는 열정적 끈기의 힘)』의 저자입니다. 그녀는 27세의 나이에 경영 컨설팅으로 많은 돈을 벌었지만, 그 일이 적성에 맞지 않아 일을 그만두었습니다. 그리고 자신이 하고 싶은 일, 중학교 수학교사로서 아이들을 가르쳤습니다. 보통 IQ가 높으면 학업 성취도가 높을 것이라고 기대합니다. 그런데 학생들을 가르치다 보니 공부를 잘하는 학생 중에는 IQ가 높은 학생도 있지만, 그렇지 않은 학생도 있다는 것을 발견합니다. 그녀는 이유를 찾기 위해 교사를 그만두고 대학원으로 진학해 심리학을 공부합니다. 엔젤라가 연구팀과 함께 미국 최고의 청년들이 진학하는 육군사관학교 웨스트포인트(West Point) 생도들을 연구합니다. 육군사관학교 신입생들은 높은 강도의 지옥 훈련으로 많은 수가 중도에 탈락합니다. 연구진들은 훈련을 완주할 가능성이 높은 생도들을 여러 체크리스트를 통해 예측했습니다. 체력이 좋은 생도가 끝까지 훈련을 견디리라 예측했지만, 빗나갔습니다. 연구진은 이어 문제아들이 배정된 학교의 초임 교사들도 연구합니다. 초임 교사 중 학기를 끝까지 마친 교사가 누가 될 것인지를 예측했는데 그 예측도 모두 빗나갔습니다. 좋은 외모, 체격, 재능과 머리가 아니었습니다. 무엇이 그들을 끝까지 남게 했을까요? 바로 '그릿(GRIT)'입니다. GRIT은 끈기입니다. 마지막 관문까지 통과해 성공에 이른 사람은 끈기가 있었습니다.

미국의 백만장자 폴 마이어(Paul J. Meyer)는 이런 말을 했습니다. "실패하는 사람들의 90%는 실제로 실패를 당한 것이 아니다. 단지 중간에 그만둔 것뿐이다." 자기 혼자 생각해 보고, 잘될 것 같지 않으니 중단하거나 포기한 것입니다. 그러니 실패하는 사람의 90%는 실패를 당한 게 아니라 스스로 중단한 결과입니다. 우리는 '한 방' 혹은 '대박'을 좋아합니다. 하지만 성공은 한 방이나 대박이 아닙니다. 누적입니다. 조금씩 쌓아서 마침내 성공의 자리에 오르는 것입니다.

신앙의 세계, 믿음의 세계도 마찬가지입니다. 신앙생활은 장거리 경주입니다. 1년만 예수 믿다가 그만두는 것이 아닙니다. 일생 가는 것입니다. 그러니 끈기가 필요합니다. 처음 교회를 나오면 모든 것이 낯설게 느껴지나, 점차 친숙해지면서 '신앙도 별거 아니구나.'라고 생각합니다. 하지만 변수 많은 인생을 완주하는 방법은 끝까지 주님을 바라보고 의지하는 것입니다. 최후의 승리는 끈기 있는 사람이 얻습니다. 이처럼 신앙은 마지막까지 주님만 바라보는 것입니다.

여리고 성을 한 바퀴 돌았을 때 성이 무너지면 누가 못하겠습니까! 세 바퀴 돌아서 무너지면 모두 도전할 것입니다. 이해는 안 되지만 끝까지 참고 가야 합니다. 하루에 한 바퀴씩 6일 동안 돌고, 마지막 날에는 일곱 바퀴 돌라고 했으니 모두 열세 바퀴입니다. '좋아, 오늘 끝을 내자.' 하고 하루에 열세 바퀴를 다 돌 수도 있습니다. 그렇게 하면 여리고 성이 무너질까요? 아닙니다. 산술적으로 열세 바퀴는 같겠지만 하나님의 방법은 그것이 아니었습니다.

하나님은 매일 한 바퀴씩 돌라고 하셨습니다. 사람들은 마음속으로 별의별 생각을 했을 것입니다. '이런다고 될까?' 세 바퀴 돌고 다섯 바퀴 돌아도 성이 꿈쩍도 하지 않으니 점점 마음이 복잡해집니다. 하지만 마지막 날에 일곱 바퀴를 돌고 소리를 외치니 견고한 성이 와르르 무너집니다. 그러니 날마다 변수가 생기고 마음에 갈등이 생겨도 끈기 있게 하루에 한 바퀴씩 여리고 성을 돌아야 합니다. 하나님의 사람으로 성숙해 가도록 만드시는 것에 순종해야 합니다. 이것이 신앙의 세계입니다. 용기는 시작할 수 있게 합니다. 하지만 용기를 계속 진행시키고 힘을 북돋는 것은 끈기입니다. 끈기가 성공에 이르게 합니다.

기도로 나아가라

이스라엘 백성은 여리고를 넘어가며 가나안 땅을 점령했습니다. 우리도 넘어야 할 여리고가 있습니다. 질병의 문제일 수도 있고, 가정의 문제, 직장의 문제일 수도 있습니다. 어떤 가정은 이혼의 위기가, 또 다른 가정은 자녀의 문제가 여리고 성입니다. 우리를 가로막고 있는 견고한 여리고 성이 너무 두렵고 겁이 납니다. 무너질 기미가 전혀 보이지 않고 넘어갈 길도 보이지 않습니다. 저마다의 여리고 앞에서 걱정하고 염려하는 것이 우리입니다. 하나님은 어린아이처럼 여리고 성 앞에 놓인 우리에게 눈에 보이지 않아도 예비하신 길이 있다고 알려주십니다. 하나님에게는 능치 못할 일이 없습니다.

하나님은 여리고 성을 무너뜨리는 방법을 알려주셨습니다. 바로 여리고 성을 도는 것입니다. 성은 누구나 돌 수 있습니다. 못 할 사람이 없습니다. 하나님은 그 방법을 알려주시며 이제 너희가 할 수 있는 것을 하라고 하십니다. 그런데도 우리는 '아, 그런다고 됩니까?'라고 반항하며 그 일을 하지 않습니다. 여리고 성을 누구나 돌 수 있는 것처럼 지금 우리 앞에 있는 여리고를 무너뜨릴 방법을 주셨으니 하라고 하십니다. 바로 기도입니다. 주님의 이름으로 간절히 기도하는 것입니다. 끈기 있게 기도하면 여리고 성은 무너집니다.

갈멜산기도원에 가면 '누구나 하는 기도로 누구나 할 수 없는 일을 한다.'라는 문구가 적힌 현수막이 있습니다. 기도를 누가 못 합니까? 다 할 수 있습니다. 그런데 그 기도로 누구도 할 수 없는 일이 일어납니다. 기도에는 그런 능력이 있습니다. 예수님은 요한복음 15장 7절에서 기도에 대해 말씀합니다.

> "너희가 내 안에 거하고 내 말이 너희 안에 거하면 무엇이든지 원하는 대로 구하라 그리하면 이루리라"

예수님은 "무엇이든지 원하는 대로 구하라."라고 하십니다. "네게 무슨 일이 있느냐? 해결할 방법이 하나 있다. 기도해."라고 말입니다. 누구나 기도할 수 있습니다. 그리고 그 기도를 들으시는 하나님은 누구도 할 수 없는 일을 반드시 이루어 주십니다. 우리 생각에 '기도한다고 될까?', '여리고를 돈다고 무너질까?'라고 반문할 수 있습니다. 하지만 하나님은 단순한 방법을 통해 여리고 성을 무너뜨릴 계획을 갖고 계셨습니다. 누구나 쉽게 할 수 있는 기도를 통해 우리 인생의 문제를 해결하시고자 합니다. 그러니 기도하십시오.

크리스천 인용 대백과사전에 「기도의 무게」라는 글이 있습니다. 1차 세계대전이 끝나고 식품 가게에서 일어난 이야기입니다. 전쟁이 끝나고 난 이후라 많은 사람이 어려움을 겪고 있었습니다. 먹을 것도 부족하고 입을 옷도 부족하며 살아가는 것 자체가 어려움이었습니다. 어느 날, 가난한 젊은 부인이 식품을 사러 왔습니다. 얼굴은 어둡고 옷차림은 남루했습니다. 주인이 묻습니다. "무엇을 드릴까요?" 젊은 부인이 슬픈 목소리로 답합니다. "저는 전쟁에서 남편을 잃었습니다. 아이들과 사는데 너무 힘듭니다. 음식을 좀 주십시오. 돈이 없으니 대신 기도해 드리겠습니다."

주인 입장에서 기가 찰 일입니다. 그래서 약간의 장난기를 섞어 "그럼 이 종이에 기도를 적으세요. 기도의 무게만큼 당신이 필요한 식품을 저울에 달아주겠습니다."라고 대답했다고 합니다. 젊은 부인은 기도 제목을 종이에 적습니다. 주인이 그 종이를 받아 저울 한쪽에 올립니다. 주인은 '이까짓 종이 한 장이면 달걀 하나만 얹어도 확 내려가겠지'라고 생각했습니다. 저울 한쪽에 기도 제목 종이를 올려두고 반대쪽에 달걀을 얹습니다. 내려가지 않습니다. 우유 한 병을 더 얹었습니다. 감자를 몇 개 올렸습니다. 하지만 내려가지 않습니다. 빵을 올려도 마찬가지입니다. 당황한 주인의 얼굴은 빨개졌습니다. 저울이 내려가지 않으니 할 수 없이 식료품을 계속 얹어야 했습니다. 마침내 저울이 균형을 잡자 주인은 식료품을 싸서 젊은 부인에게 주었습니다. 젊은 부인이 가게를 나간 후에 주인은 그 종이를 펴보았습니다. 어떤 기도가 적혀 있었을까요? "주님, 오늘 저희에게 일용할 양식을 주옵소서."

기도는 하나님의 능력입니다. '아니, 무슨 종이 한 장이 그렇게 무거울까?'라고 생각합니다. 우리의 머리로는 이해되지 않습니다. 하지만 기도는 우리의 상식을 뛰어넘습니다. 누구나 할 수 있는 기도로 누구도 할 수 없는 일을 하는 것이 기도입니다. 빌립보서 4장 6절은 기도의 위력을 말합니다.

> "아무 것도 염려하지 말고 다만 모든 일에 기도와 간구로, 너희 구할 것을 감사함으로 하나님께 아뢰라"

아무것도 염려하지 말고 다만 모든 일에 기도와 간구로 구할 것을 감사함으로 하나님께 아뢰라고 하십니다. 기도는 자신의 문제와 염려, 걱정거리를 하나님께 옮기는 작업입니다. '여리고 성을 돈다고 무너지겠어?', '기도한다고 그런 일이 일어날 수 있겠어?' 이것은 우리 생각입니다. 하나님은 누구나 할 수 있는 걱정과 염려 대신 기도하라고 하십니다. 기도하면 하나님이 그 문제를 해결해 주십니다. 그 문제를 이길 수 있는 능력을 주십니다. 그러니 기도하십시오. 우리 앞에 있는 견고한 여리고 성을 기도로 무너뜨리십시오. 우리 앞에 있는 모든 여리고 성은 예수의 이름을 부르면 무너집니다. 골로새서 4장 2절도 말씀합니다.

"기도를 계속하고 기도에 감사함으로 깨어 있으라"

계속 기도해야 합니다. 우리 삶이 끝나는 날까지 주님을 붙잡고 여리고를 도십시오. 그럴 때 우리 앞에 놓인 어려움과 고난은 비켜 가고 여리고 성은 무너집니다.

5장
슬럼프가 오면 선수를 교체하라

여호수아 7:1-7

1 이스라엘 자손들이 온전히 바친 물건으로 말미암아 범죄하였으니 이는 유다 지파 세라의 증손 삽디의 손자 갈미의 아들 아간이 온전히 바친 물건을 가졌음이라 여호와께서 이스라엘 자손들에게 진노하시니라 2 여호수아가 여리고에서 사람을 벧엘 동쪽 벧아웬 곁에 있는 아이로 보내며 그들에게 말하여 이르되 올라가서 그 땅을 정탐하라 하매 그 사람들이 올라가서 아이를 정탐하고 3 여호수아에게로 돌아와 그에게 이르되 백성을 다 올라가게 하지 말고 이삼천 명만 올라가서 아이를 치게 하소서 그들은 소수이니 모든 백성을 그리로 보내어 수고롭게 하지 마소서 하므로 4 백성 중 삼천 명쯤 그리로 올라갔다가 아이 사람 앞에서 도망하니 5 아이 사람이 그들을 삼십육 명쯤 쳐죽이고 성문 앞에서부터 스바림까지 쫓아가 내려가는 비탈에서 쳤으므로 백성의 마음이 녹아 물 같이 된지라 6 여호수아가 옷을 찢고 이스라엘 장로들과 함께 여호와의 궤 앞에서 땅에 엎드려 머리에 티끌을 뒤집어쓰고 저물도록 있다가 7 이르되 슬프도소이다 주 여호와여 어찌하여 이 백성을 인도하여 요단을 건너게 하시고 우리를 아모리 사람의 손에 넘겨 멸망시키려 하셨나이까 우리가 요단 저쪽을 만족하게 여겨 거주하였더면 좋을 뻔하였나이다

슬럼프가 찾아올 때

어느 날 갑자기 정체되어 혼자만 낙오한 것 같습니다. 지금까지 열심히 살았는데 더 이상 성장하지도 발전하지도 않는 것처럼 느껴집니다. 이런 시기를 슬럼프가 찾아왔다고 말합니다. 누구나 살면서 한 번은 슬럼프를 만납니다. 아무것도 할 수 없고 의욕도 사라집니다. 화르르 타다 남은 장작처럼 번아웃(Burnout) 됩니다. 슬럼프가 찾아오면 이를 견디고 회복하기 위해 마음도 쏟고 시간도 투자해야 합니다. 그런데 한편으로는 이런 슬럼프가 또 다른 계기가 됩니다. 슬럼프를 통해 '내가 지극히 평범한 사람이구나'라는 것을 깨닫습니다. 우리가 AI나 인조인간이라면 피곤하지도 지치지도 않을 것입니다. 이 슬럼프를 통해 자신이 연약한 인간이라는 것을 깨닫게 되면 다시금 새롭게 일어서는 계기가 됩니다.

이스라엘 백성은 견고한 여리고 성을 무너뜨렸습니다. 요단강을 마른 땅처럼 건너기도 했습니다. 그런데 승승장구하며 가나안을 점령하던 이스라엘 백성이 슬럼프에 빠집니다. 작은 아이 성 앞에서 굴복한 이스라엘 백성의 모습이 여호수아 7장 5절에 기록되어 있습니다.

> "아이 사람이 그들을 삼십육 명쯤 쳐죽이고 성문 앞에서부터 스바림까지 쫓아가 내려가는 비탈에서 쳤으므로 백성의 마음이 녹아 물 같이 된지라"

아이 성과의 전투에서 이스라엘 백성은 36명이나 목숨을 잃습니다. 예상치 못한 결과에 이스라엘 백성은 무너져내린 마음을 간신히 부여잡고 혼비백산 도망갑니다. 이들의 마음은 녹아서 물같이 되었습니다. 얼마 전까지 여리고 성을 무너뜨리고 요단강을 마른 땅처럼 건넜으니 아이 성 정도는 식은 죽 먹기라고 여겼을 것입니다. 그런데 자만심이 그들의 발목을 잡았습니다. 마음은 무너져내리고 어떻게 해야 할지 갈피를 잡지 못합니다. 이 모습을 본 여호수아는 옷을 찢습니다(수 7:6).

> "여호수아가 옷을 찢고 이스라엘 장로들과 함께 여호와의 궤 앞에서 땅에 엎드려 머리에 티끌을 뒤집어쓰고 저물도록 있다가"

여호수아는 이스라엘 장로들과 함께 여호와의 궤 앞에 티끌을 뒤집어쓰고 날이 저물도록 엎드립니다. 슬럼프에 빠진 모습입니다. 여호수아는 여호와 궤 앞에 엎드려 저녁까지 있었습니다. 이스라엘의 지도자들도 슬픔의 표시로 머리에 재를 뒤집어쓰고 여호수아와 함께 여호와의 궤 앞에 엎드립니다.

『만일 내가 인생을 다시 산다면』의 저자 김혜남 씨는 정신분석 전문의로, 두 아이의 엄마로, 시부모님을 모시고 사는 며느리로 눈코 뜰 새 없이 바쁘게 살았습니다. 그런데 2001년 마흔세 살의 나이에 몸이 점점 굳어 가는 파킨슨 진단을 받습니다. 파킨슨병은 서동증(운동 느림), 안정 시 떨림, 근육 강직 등의 운동장애를 유발합니다. 파킨슨병은 대체로 60~70세의 노년에 생기는 질병인데 한창 일할 나이에 찾아오다니 이해할 수 없었습니다. 그녀는 자신에게 들이닥친 불행을 도저히 받아들일 수 없었고, 억울한 심정과 세상을 향한 분노에 한 달 동안 침대에 누워 아무것도 하지 않았다고 합니다. 그러던 어느 날 그녀는 문득 깨달았습니다. 아직 자신은 죽은 게 아니며 누워 있는다고 달라지는 건 아무것도 없다는 사실을! 그래서 자리를 털고 일어났고, 그렇게 하루를 살고 다음 날을 살며 지금까지 하루하루를 살아내고 있습니다. '아니 내가 왜 이러고 있지? 아직 내게 오지 않는 미래를 걱정하느라고 현재를 망치고 있네. 닥쳐오지 않는 미래 때문에 현재의 삶을 포기하면 안 되지.' 김혜남 씨가 책을 쓰기 시작한 것도 그때부터입니다. 그렇게 22년 동안 병마와 싸우며 진료와 강의를 하고, 두 아이를 키우며, 스물 두권의 책을 썼습니다.

슬럼프는 불쑥불쑥 나타나는 삶의 장애물입니다. 살면서 이해되지 않는 일들이 일어납니다. 엘리트이자 전문가로서 잘 나가는 사람인데 자신에게 그런 병이 찾아올 줄 누가 알았을까요? 슬럼프가 올 줄 전혀 예상하지 못했습니다. 하지만 슬럼프는 예외 없이 누구에게나 찾아옵니다. '다른 사람은 아무 문제 없이 잘 사는데 왜 나만 이럴까?'라는 생각도 듭니다. 그러나 이는 교만이고 자만심입니다. 슬럼프는 누구도 피할 수 없습니다. 피할 수 없다면, 잘 극복하는 것이 지혜입니다.

이스라엘 백성에게도 슬럼프가 찾아왔습니다. 아이 성을 공격하기 위해 이스라엘 백성 3천 명이 전쟁터로 나갔다가 36명이 죽고, 나머지는 도망갔습니다. 36명이 사망한 것보다 더 큰 문제는 백성의 마음이 녹아서 물같이 되었다는 것입니다. 가나안의 원주민들은 이스라엘 백성이 요단강을 건너 아이 성으로 온다는 소식을 듣고 마음이 녹았습니다. 그런데 전세가 역전되었습니다. 이스라엘 백성의 마음이 녹아내렸고 아이 성 사람들의 사기는 올라갑니다. 의기양양해졌습니다. 이스라엘 공동체는 마음이 무너져 의욕이 사라졌습니다. 힘을 잃고 좌절 가운데 있습니다.

원인을 알면 슬럼프는 극복된다

원인을 찾는 것이 중요합니다. 원인을 찾아 문제를 해결하면 슬럼프는 극복됩니다. 병도 원인을 알면 치료하여 고칠 수 있습니다. 병의 뿌리를 찾아 뽑아내면 회복됩니다. 그런데 원인을 모르는 병들이 많습니다. 빨리 회복하고자 또는 문제를 해결하고자 하는 마음에 다급하게 증상을 없애는 대증치료에만 몰두합니다. 하지만 슬럼프의 뿌리는 여전히 남아 우리를 괴롭힙니다. 이스라엘 백성이 슬럼프에 빠진 원인이 여호수아 7장 3절에 기록되어 있습니다.

> "여호수아에게로 돌아와 그에게 이르되 백성을 다 올라가게 하지 말고 이삼천 명만 올라가서 아이를 치게 하소서 그들은 소수이니 모든 백성을 그리로 보내어 수고롭게 하지 마소서 하므로"

여호수아는 아이 성이 어떤 곳인지 살피기 위해 정탐꾼을 보냈습니다. 그곳은 여리고 성에 비해 규모가 작았고, 그 안에 사는 백성도 많지 않았습니다. 그러니 적은 인원으로도 전쟁이 승리할 것 같았습니다. 그들 생각에는 2~3천 명이면 충분히 아이 성을 정복할 수 있을 것이라 여겼습니다. 그리고 3천 명이 올라갔으나 결과는 대패였습니다. '우리가 저 견고한 여리고 성도 무너뜨렸는데 아이 성쯤이야'라고 얕잡아 본 결과는 혹독했습니다. 이스라엘 백성의 마음은 무너지기 시작합니다.

많은 사람이 성공 후에 우쭐해서 어깨가 올라갑니다. 성공이 독이 되어 자만하다가 슬럼프를 만납니다. 이스라엘 백성도 마찬가지였습니다. 여리고 성은 이스라엘 백성이 무너뜨린 것이 아니라, 하나님이 하신 일입니다. 그러나 그들은 승리를 주신 하나님을 잊어버리고 자신들이 여리고 성을 무너뜨렸다고 생각했습니다. '이만하면 됐어. 이 정도면 나도 할 수 있어.' 자신감처럼 보이지만 실상은 교만이고, 교만의 끝은 패망으로 귀결됩니다. 고린도전서 10장 12절을 봅시다.

"그런즉 선 줄로 생각하는 자는 넘어질까 조심하라"

이미 선 줄로 생각하지 마십시오. 교만하지 마십시오. 승승장구할 때도 겸손하게 마음을 낮추고 넘어질까 조심해야 합니다. 하나님 은혜 없이도 살 수 있다는 생각은 패망의 지름길입니다. 이스라엘 백성은 자신들이 선 줄로 생각하다가 넘어졌습니다. 그리고 이들이 넘어진 또 하나의 이유가 있습니다. 바로 아간의 범죄입니다. 하나님은 여리고 성을 칠 때 명령하셨습니다(수 6:18).

"너희는 온전히 바치고 그 바친 것 중에서 어떤 것이든지 취하여 너희가 이스라엘 진영으로 바치는 것이 되게

하여 고통을 당하게 되지 아니하도록 오직 너희는 그 바
친 물건에 손대지 말라"

하나님은 여리고 성을 정복한 후, 그곳에서 획득한 전리품을 온전히 바치라고 말씀하셨습니다. 이것들은 모두 하나님의 것입니다. 정복 전쟁에서 획득한 것이라면 이스라엘 백성의 몫이겠지만, 여리고 성의 전투는 정복 전쟁이 아니라 하나님께서 앞서 행하신 영적 전투였습니다. 그렇기에 여리고 성을 정복한 후 얻게 된 전리품은 모두 하나님의 것입니다. 그런데 누군가 그 물건에 손을 댑니다. 아무도 모를 것으로 생각하며 전리품을 훔쳤습니다. 여호수아 7장 1절을 보면 이스라엘 자손이 온전히 바친 물건으로 말미암아 범죄했다고 말씀합니다.

"이스라엘 자손들이 온전히 바친 물건으로 말미암아
범죄하였으니 이는 유다 지파 세라의 증손 삽디의 손자
갈미의 아들 아간이 온전히 바친 물건을 가졌음이라 여
호와께서 이스라엘 자손들에게 진노하시니라"

전리품을 훔친 범인은 바로 아간이었습니다. 아간이 하나님께 바쳐야 할 물건을 훔쳤습니다. 그 결과 이스라엘 백성은 아이 성을 정복하지 못하고 36명이나 죽음을 맞았습니다. 여호수아서 7장에는 '온전히 바쳐진 물건'이라는 단어가 8번이나 반복해서 등장합니

다. 이는 하나님께 바친 것을 자기 것으로 여기지 말라는 경고입니다. 그런데 아간이 하나님의 것을 도둑질했습니다. 이것이 아이 성 전투의 참패 원인이 되었고 결국 이스라엘 백성의 마음이 녹는, 슬럼프에 빠지게 된 것입니다.

스포츠 경기 중 플레이하는 선수의 활약이 부진하면 선수를 교체합니다. 내가 타고 있던 낙타가 지쳐있다면 갈아타야 합니다. 지친 낙타를 타고 사막을 건널 수 없습니다. 구멍 난 배를 타고 강을 건널 수 없습니다. 그런데 사람들은 낙타가 지친 줄도 모르고, 배에 구멍이 난지도 모르고 사막을 지나고 강을 건넙니다. 그래서 넘어지고 침몰하는 것입니다. 슬럼프를 벗어나려면 경기력이 떨어진 선수를 적시에 교체해야 합니다. 그런데 교체 전에 해야 할 일이 있습니다. 바로 하던 경기를 멈추는 것입니다. 하던 일을 멈춰야 합니다.

이스라엘 백성은 아이 성 전투의 참패 후, 다시 군사를 보강하여 전쟁하지 않았습니다. 그들은 멈췄습니다. 여호수아와 장로들은 재를 뒤집어쓰고 엎드렸습니다. 그들은 모두 함께 여호와의 궤 앞에 엎드려 그들이 가진 아픔과 문제를 하나님께 쏟아냈습니다. 가슴 찢어지는 마음을 하나님 앞에 올려놓은 것입니다. 인생의 버거운 문제를 우리가 쥐고 있으면 우리만의 문제이지만, 이 문제를 주님께 옮겨 놓으면 주님의 문제가 됩니다. 사람이 감당할 수 없는 무거운 짐이라도 하나님께는 아무것도 아닙니다. 다윗은 시편 68장 19절에서 우리의 무거운 짐을 대신 지시는 주님을 찬양합니다.

"날마다 우리 짐을 지시는 주 곧 우리의 구원이신 하나님을 찬송할지로다"

기도는 무거운 짐, 감당할 수 없는 짐을 주님께 옮겨 놓는 일입니다. 주님은 우리 짐을 대신 져주시기 위해 날마다 우리를 찾아오십니다. 그리고 '모든 짐을 내게 맡기라.'고 말씀하십니다. 그런데 우리는 하나님의 음성을 듣지 못합니다. 아니 하나님의 말씀에 귀를 막고 모든 짐을 혼자 지려고 합니다. 주님께 맡기십시오. 주님은 우리 짐을 대신 져주시는 것을 기뻐하시는 분이십니다.

사소한 일로 늘 근심하고 걱정만 하는 남편이 있었습니다. 그런데 어느 날부터 남편의 표정이 환해졌습니다. 그 모습으로 보고 아내가 남편에게 묻습니다. "여보, 당신 요즘은 걱정을 안 해요?" 그랬더니 남편이 대답합니다. "내가 백만 원을 주고 사람을 한 명 고용했어. 그 사람이 나 대신 걱정해 줄 거야." 아내가 기가 차서 백만 원은 어떻게 구할 것이냐고 되묻습니다. 그러자 남편은 "아니, 그거야 그 사람이 걱정하겠지. 내 걱정을 대신 해주는 사람을 고용했으니까."라고 말합니다. 누군가 만든 우스개 이야기입니다. 많은 사람이 걱정을 붙들고 살아갑니다. 하나님께 옮기고 맡기면 되는데 말입니다. 기도는 걱정과 근심 그리고 무거운 짐을 주님께 맡기는 것입니다.

시편 55장 22절도 우리 짐을 여호와께 맡기라고 말씀하십니다.

"네 짐을 여호와께 맡기라 그가 너를 붙드시고 의인의 요동함을 영원히 허락하지 아니하시리로다"

우리가 무거운 짐을 지고 비틀거릴 때 그 짐을 여호와께 맡기면 주님이 붙잡아 주십니다. 의인의 요동함을 영원히 허락한다는 말은 의로운 사람을 절대로 넘어지게 하지 않을 것이라는 말입니다. 영원히 든든하다는 뜻입니다. 우리의 무거운 짐, 아픈 마음과 상처, 인생의 슬럼프, 서러운 눈물을 주님께 맡길 때, 우리의 무거운 짐은 어느새 가벼워집니다. 주님이 우리 짐을 대신 져주시기 때문입니다. 그분이 계시는데 왜 두려워합니까? 여호수아는 가슴 아픈 사연을 하나님 앞으로 가져가 맡깁니다. 그리고 주님의 음성을 듣습니다(수 7:11).

"이스라엘이 범죄하여 내가 그들에게 명령한 나의 언약을 어겼으며 또한 그들이 온전히 바친 물건을 가져가고 도둑질하며 속이고 그것을 그들의 물건들 가운데에 두었느니라"

하나님은 이스라엘 백성 가운데 숨겨진 죄를 밝히십니다. 하나님의 것을 도둑질하고 속인 것을 알려주십니다. 아간은 시날에서 온 아름다운 외투 한 벌, 은 이백 세겔, 금 한 덩어리를 훔쳤습니다. 그리고 그것을 자기 장막에 숨겼습니다. 아간의 죄를 처리하지 않으면 이스라엘 백성은 아무리 많은 수의 군사를 동원해도 아이 성을 점령할 수 없을 것입니다. 그래서 여호수아는 아간과 그가 가진 모든 것을 아골 골짜기로 가지고 가서 불태웁니다.

아간은 우리 안에 존재하는 '욕망'입니다. 우리 마음에 아간이 살고 있습니다. 욕망 덩어리 아간을 교체하지 않으면 아무리 애쓰고 노력해도 실패하고 맙니다. 주저앉게 됩니다. 열심히 기도하고 봉사해도 아간이라는 욕망 덩어리가 우리 마음에 있으면 자유로울 수 없습니다. 재물을 욕심내니 온전한 십일조도 할 수 없습니다. 그래서 우리는 날마다 아간을 처리해야 합니다.

한 남자가 심장이 멈춰 병원 응급실에 실려 갑니다. 의료진의 노력 끝에 심폐소생술을 통해 숨이 돌아왔습니다. 모두가 한숨을 돌린 가운데 환자의 주먹 쥔 손이 눈에 들어왔습니다. 환자의 주먹을 펴니 화투 두 장이 바닥으로 떨어졌습니다. 남자는 간밤에 도박으로 많은 돈을 잃었는데, 마지막이라 생각했던 순간 자신에게 38광땡 패가 있다는 것을 알았습니다. 돈을 딸 생각에 흥분했고 갑작스럽게 심장이 멈춰 응급실로 오게 된 것입니다. 얼마나 돈에 눈이 멀었는지 우리 속에 있는 아간을 보여줍니다.

여호수아는 하나님의 것을 훔친 자를 찾기 위해 12지파를 모두 불러 세웠습니다. 하나님은 모든 것을 아시는 분이시기에 누가 범인인지 아시지만, 바로 범인을 지목하지 않으셨습니다. 이스라엘 백성 가운데 하나님의 것을 도둑질 한 사람이 있다는 것을 고발하기 위해서입니다. 12지파 중 어느 지파가 하나님의 물건을 훔쳤는지 제비뽑기를 합니다. 유다 지파가 뽑힙니다. 이번에는 유다 지파의 족장들이 나왔는데 세라 족속이 뽑혔습니다. 다시 제비를 뽑으니 세라 족속 중 삽디의 가족이 뽑힙니다. 삽디의 가족 중에 남자들이 나와 제비를 뽑습니다. 누가 뽑혔을까요? 아간입니다. 12지파가 지나가고, 유다 지파가 지나가고, 족장들이 지나가면서 시간이 많이 흘렀을 것입니다. 아간은 얼마나 조마조마하고 떨렸을까요? 하나님은 그 시간 동안 아간에게 회개할 기회를 주신 것입니다. 그런데 아간은 끝까지 버텼습니다. 최종적으로 제비뽑기에 걸리니 그제야 자기 잘못을 시인합니다. 하나님께서 회개할 기회를 주셨는데 너무 늦었습니다. '지금'이라는 시간은 하나님이 주시는 기회입니다. 하나님께서 우리에게 기회를 주셨는데 우리는 계속 미룹니다. 발등에 불이 떨어지면 그때 잘못했다고 시인합니다. 기회가 주어질 때 하나님 앞에 엎드려야 합니다.

슬럼프의 원인을 발견했다면 빨리 해결해야 합니다. 아간을 다른 선수로 교체해야 합니다. 그런데 아간을 붙잡고 있습니다. 그렇게 아간을 십자가에 못 박지 않고 붙잡고 있으면 잘못된 씨앗이 계속 자랍니다. 욕망 덩어리를 해결하지 못해 성숙하지 못한 인생으로 생이 끝납니다. 마태복음 6장 24절은 이렇게 말씀합니다.

"한 사람이 두 주인을 섬기지 못할 것이니 혹 이를 미워 하고 저를 사랑하거나 혹 이를 중히 여기고 저를 경히 여김이라 너희가 하나님과 재물을 겸하여 섬기지 못하느니라"

한 사람이 두 주인을 섬길 수 없습니다. 우리는 하나님을 섬긴다고 말하면서도 재물을 섬깁니다. 입으로는 하나님이 주인이라고 말하면서 재물을 주인 삼습니다. 예수님의 시대나 지금이나 같습니다. 여러분의 주인은 누구입니까? 우리 삶의 진정한 주인은 하나님이십니다. 슬럼프에서 벗어나는 방법은 우리 삶의 주인이신 하나님께로 나아가는 것입니다. 우리 속에 숨긴 아간을 내어놓아야 합니다. 삶의 주전선수였던 아간을 교체해야 합니다. 회개할 기회를 주신 주님 앞으로 나가야 합니다. 말씀의 거울 앞에 자신을 비춰 슬럼프의 그늘에서 벗어나는 인생이 되길 소망합니다.

6장
오늘, 최선을 다하는 용기

여호수아 8:30-35

30 그 때에 여호수아가 이스라엘의 하나님 여호와를 위하여 에발 산에 한 제단을 쌓았으니 31 이는 여호와의 종 모세가 이스라엘 자손에게 명령한 것과 모세의 율법책에 기록된 대로 쇠 연장으로 다듬지 아니한 새 돌로 만든 제단이라 무리가 여호와께 번제물과 화목제물을 그 위에 드렸으며 32 여호수아가 거기서 모세가 기록한 율법을 이스라엘 자손의 목전에서 그 돌에 기록하매 33 온 이스라엘과 그 장로들과 관리들과 재판장들과 본토인뿐 아니라 이방인까지 여호와의 언약궤를 멘 레위 사람 제사장들 앞에서 궤의 좌우에 서되 절반은 그리심 산 앞에, 절반은 에발 산 앞에 섰으니 이는 전에 여호와의 종 모세가 이스라엘 백성에게 축복하라고 명령한 대로 함이라 34 그 후에 여호수아가 율법책에 기록된 모든 것 대로 축복과 저주하는 율법의 모든 말씀을 낭독하였으니 35 모세가 명령한 것은 여호수아가 이스라엘 온 회중과 여자들과 아이와 그들 중에 동행하는 거류민들 앞에서 낭독하지 아니한 말이 하나도 없었더라

사람들은 누구나 행복하길 소망합니다. 행복의 반대말은 무엇일까요? 사전적으로는 '불행'입니다. 하지만 의미적으로 행복의 반대말은 '불만'일 것 같습니다. 불만은 무언가에 대해서 마음에 만족스럽지 않은 불쾌한 감정을 뜻합니다. 어떤 일에 대한 마음의 자세와 태도가 유쾌하지 못하고 언짢다는 것입니다. 그래서 열심히 무언가를 해도 불만이 있다면 그 일은 의미가 없습니다. 힘들고 행복하지 않습니다. 그래서 무엇보다 어떤 일이든 그 일을 대하는 태도가 중요합니다. 아침에 잠에서 깨어 눈을 뜨면 하루가 시작됩니다. 매일 만나는 평범한 시간이지만, 어떤 마음으로 하루를 시작하느냐에 따라 결과는 달라집니다. 좋은 마음과 웃는 얼굴로 하루를 맞는다면 그 하루는 행복할 것입니다. 찡그리고 불만 가득하게 하루를 시작한다면 온종일 힘들고 답답할 것입니다. 그렇기에 행복은 뛰어난 능력이나 소유에 있지 않습니다. 태도에 달려있습니다. 태도가 인생을 성공으로 이끌기도 하고, 실패에 이르게도 합니다.

말씀을 듣는 태도도 마찬가지입니다. 같은 말씀을 들어도 태도에 따라 은혜를 받기도 하고 의미 없는 시간이 되기도 합니다. 예수님은 마가복음 9장 23절에서 태도에 대해 말씀하십니다.

> "예수께서 이르시되 할 수 있거든이 무슨 말이냐 믿는 자에게는 능히 하지 못할 일이 없느니라 하시니"

'나는 못 해요. 내가 뭘 할 수 있을까요?'라는 태도와 '나는 할 수 있어요. 내가 한번 해볼게요. 나는 믿음이 있으니 할 수 있을 것 같아요.'라는 태도는 전혀 다른 결과를 만들어냅니다. 인생은 '어떤 상황'을 만나느냐가 아니라, '어떻게 그 상황을 바라보는가'가 중요합니다. 바로 태도입니다.

인생을 잘 사는 비결은 오늘 하루를 잘 사는 것입니다. '하루'는 인생이 아닙니다. 인생이라는 큰 덩어리의 한 조각이 바로 '오늘'입니다. 태어나서 마지막 숨이 멎는 순간까지의 여정이 인생입니다. 인생에 대한 평가는 삶의 끝자락에서 합니다. 인생을 잘 살았다는 것은 하루하루를 잘 살았다는 뜻입니다. 사람들은 모두 오늘 하루를 잘 살고 싶습니다. 그런데 그 소망을 방해하는 것이 있습니다.

첫째는 후회입니다. '내가 그때 그 일을 하지 말아야 했는데….'

혹은 '그때 그것을 해야 했는데….' 하는 후회는 오늘을 잘 살지 못하게 합니다. 오늘 하루를 잘 살기 위해서는 하루를 잘 마무리해야 합니다. 어떻게 잘 마무리할 수 있을까요? 후회가 아닌 '그래도 감사합니다.'를 고백해야 합니다. 돌이킬 수 없는 지난 일을 후회하는 것이 아니라, '그때 그랬었지. 그래도 감사해.'라고 삶을 재해석해야 합니다. 이렇게 하면 '아, 그것 때문에 내가 더 단단해졌구나. 다음에는 이렇게 할 수 있겠구나.'라는 깨달음을 얻습니다. 오히려 어려운 일들이 우리에게 복이 됩니다. 아프고 후회되는 순간이 단단한 마음의 근육이 되어 나를 성장시킵니다.

두 번째는 두려움입니다. 사람들은 아직 오지 않은 미래를 두려워합니다. 두려움 때문에 일을 그르치기도 합니다. 미래에 대한 두려움을 연구한 사람이 있습니다. 라라 E. 필딩(Lara E. Fielding)은 대학교에서 학생들을 가르치는데 그의 책 『홀로서기 심리학』의 한 내용입니다. '사람들이 왜 미래를 두려워할까?'에 대한 근거를 찾기 위해 영국의 베커 박사는 실험을 합니다. 컴퓨터 화면에 주먹 크기의 돌들이 있는데 마우스로 돌을 클릭해 뒤집으면 갑자기 뱀이 나옵니다. 뱀이 갑작스럽게 나오니 얼마나 놀랄까요? 15명씩 세 그룹으로 나누어 컴퓨터 게임을 하게 합니다. 첫 번째 그룹은 어떤 돌을 뒤집어도 뱀이 나오지 않습니다. 두 번째 그룹은 돌을 뒤집을 때마다 뱀이 나옵니다. 세 번째 그룹은 뱀이 나오기도 하고, 나오지 않기도 합니다. 그 후 세 그룹의 스트레스 지수를 측정하였습니다. 첫 번째 그룹은 스트레스 지수가 낮습니다. 긴장감을 느낄 수 없었고 오히려 재미없고 밋밋하다는 평가였습니다. 두 번째 그룹은 스트레스 지수가 엄청 높습니다. 세 번째 그룹도 마찬가지입니다. 그런데 스트레스 지수 측정 결과 세 번째 그룹이 두 번째 그룹보다 스트레스 지수가 더 높게 나왔습니다. 뱀이 언제 나올지 모르는 변수가 긴장감을 유발한 것입니다.

『홀로서기 심리학』에서는 충격을 계속 받는 것보다 언제 받을지 모르는 불확실성이 사람을 더 괴롭게 한다고 말합니다. 뱀이 나올지 안 나올지 모르는 불확실성이 사람을 더 두렵게 하는 것입니다. 부정적인 상황은 예측할 수 있기에 대처할 수 있습니다. 계획을 세우고 대비책을 마련할 수 있습니다. 그러나 불확실성은 다릅니다. 어떻게 대처할지 모르고 자신의 통제 범위 밖에 있기에 더 긴장하며 스트레스를 받습니다.

새로운 일에 앞서 두려워하며 시작하기를 겁내는 사람이 있습니다. 불확실한 미래에 도전한다는 것에 두려움을 느낍니다. 그래서 새해가 되면 그 해의 운세를 보기 위해 점집이나 철학관을 찾는 사람들이 많다고 합니다. '올해 내게 나쁜 일이 생기지 않을까?' '액운을 막으려면 어떻게 해야 할까?' 미래가 두렵고 불안하니 점집을 찾습니다. 그러나 점쟁이가 무엇을 알겠습니까? 잘 알지도 못하는 그들의 말은 위로가 되지 못합니다.

여호와께 맡기라

예수님을 믿는 사람도 불안감을 느낍니다. 미래가 어떻게 될지, 내일 어떤 일을 만날지, 무슨 일을 당할지 우리는 알 수 없습니다. 그렇다면 예수님을 믿는 사람도 미래를 알 수 없기는 마찬가지니 두려워하며 사는 것이 당연할까요? 아닙니다. 하나님을 믿기에 우리는 달라야 합니다. 미래는 알 수 없지만, 하나님을 믿기에 다릅니다. 여전히 미래는 두렵지만 하나님의 선하시고 전능하신 성품과 능력을 알기에, 믿고 하루하루를 사는 것입니다. 즉 성도는 '알고 가는 사람'이 아니라 '믿고 가는 사람'입니다. 다윗은 우리에게 이렇게 권면합니다(시 37:5).

> "너의 길을 여호와께 맡기라. 그를 의지하면 그가 이루시고"

무슨 말씀일까요? '미래를 걱정할 필요 없어. 선하신 그분이 알아서 하실 거야.'라고 말씀하시는 것입니다. 미래에 어려움이 없지는 않겠지만 하나님께서 모든 것을 합력해 반드시 선을 이룬다는 것입니다. 우리는 지난날에 대한 후회를 감사로 바꾸어 '그래도 주님 감사합니다.'라고 고백하고, 살아갈 미래를 하나님께 맡겨야 합니다. 우리 인생길, 미래로 나아가는 하루하루의 삶을 하나님께 맡기지 않고, 손에 쥐고 있으면 두려움만 눈덩이처럼 불어납니다. 그렇기에 하나님께 맡겨야 합니다. 다윗은 계속해서 하나님께 믿고 맡긴 사람에게 축복이 임한다고 이야기합니다(시 37:6).

> "네 의를 빛같이 나타내시며 네 공의를 정오의 빛같이 하시리로다"

여러분이 하는 의로운 일과 정의로운 행동들을 한낮의 햇빛처럼 빛나게 해주실 것입니다. 일제강점기에 대한민국의 교사이자 독립운동가이며 작가였던 안이숙은 『죽으면 죽으리라』라는 책을 썼습니다. 안이숙 선생님은 예수님을 믿는다는 이유로 언제 죽을지 모르는 상황에서도 다음과 같이 찬양했습니다.

내일 일은 난 몰라요 하루하루 살아요.
불행이나 요행함도 내 뜻대로 못해요.
험한 이 길 가고가도 끝은 없고 곤해요.
주님 예수 팔 내미사 내 손 잡아 주소서.
내일 일은 난 몰라요 장래 일도 몰라요.
아버지여 날 붙드사 평탄한 길 주옵소서.

좁은 이 길 진리의 길 주님 가신 그 옛길,
힘이 들고 어려워도 찬송하며 갑니다.

성령이여 그 음성을 항상 들려주소서.
내 마음은 정했어요, 변치 말게 하소서.
내일 일은 난 몰라요. 장래 일도 몰라요.
아버지여 아버지여, 주신 소명 이루소서.

죽음은 두렵고 무섭습니다. 하지만 오늘 하루를 사는 것입니다. 내일 일은 모르지만 주님께 맡기고 하루의 삶을 사는 것입니다. 그렇게 하루를 살고 내일 또 하루를 사는 것입니다. 하루하루 살다 보면 큰 덩어리의 문제는 어느새 사라지고 없습니다. 아무리 힘들어도 주님 안에서 하루를 살아야 합니다. 홈쇼핑TV를 보면 쇼호스트가 제품이 곧 마감될 것처럼 호들갑 떨며 제품의 장점을 소개합니다. 지금 사지 않으면 손해를 볼 것 같습니다. 거기다 홈쇼핑은 장기 할부로 살 수 있는 장점이 있습니다. 비싸서 구매를 미루던 물건도 고민 없이 사게 합니다. "무이자 10개월입니다." 30만 원을 10개월로 나눠보니 한 달에 3만 원입니다. 쇼호스트는 덧붙여 하루에 천원 꼴이라고 말합니다. 30만 원은 큰 액수이지만 하루 천 원은 감당할 수 있습니다. 인생의 무거운 짐도 하루라는 단위로 잘라서 가벼워지게 하라는 말입니다. 너무 힘들 때는 덩어리로 살지 말고 작은 단위인 하루로 사는 지혜가 필요합니다.

그렇다면 하루를 어떻게 하면 잘 살 수 있을까요? 무엇보다 우선순위를 정하고 하루를 사는 것입니다. 이것이 삶의 지혜이며 삶의 순발력입니다. 평소에 하는 일에 두세 가지 일이 끼어들면 분주한 하루라고 느낍니다. 그저 두세 가지 일이 끼어들었는데 '오늘 너무 힘들겠어. 너무 바쁠 것 같아.'라고 인식합니다. 이럴 때는 오늘 할 일을 종이에 써보십시오. 할 일을 적으면 일의 우선순위를 알 수 있습니다. 쓰기 전에는 일이 많고 바쁘겠다고 생각했는데 적다 보면 간단하게 느껴집니다. 할 일 목록에서 중요한 일부터 번호를 매기고 순서대로 하나씩 처리하다 보면 해야 할 일은 어느새 끝나 있을 것입니다.

우선순위를 정하지 않으면 어떤 일이 벌어질까요? 무엇보다 중요한 일을 자꾸 미루게 됩니다. 사람은 편하고 재미있는 일, 쉬운 일부터 하고 싶어 합니다. 그러다 보니 정말 중요한 일은 뒤로 밀립니다. 내일로 밀리고 그다음 날로 밀립니다. 결국 마감이 코앞이 되어 시간이 부족하게 되고 성급하게 처리하다 보면 일의 퀄리티가 낮아집니다. 우선순위에서 밀려났던 그 일 때문에 후회하고 눈물을 흘리게 됩니다. 하루의 우선순위를 정하는 법칙은 그래서 중요합니다. 우리의 우선순위는 하나님입니다. 세상은 하나님 나라의 법칙을 뒤집어버렸습니다. 여호수아서도 우선순위를 말합니다. 이스라엘 백성이 가나안 땅을 점령하는 데에 있어 우선순위가 무엇인지를 보여줍니다(수 8:30).

> "그 때에 여호수아가 이스라엘의 하나님 여호와를 위하여 에발 산에 한 제단을 쌓았으니"

여호수아는 '그 때에'로 말씀을 시작합니다. 그때는 아이 성을 힘겹게 점령한 때입니다. 이스라엘 백성은 아이 성을 점령하려다 마음이 물같이 녹았고 여호수아는 옷을 찢으며 통곡하였습니다. 여호수아는 그때를 말합니다. 그런데 아이 성을 힘겹게 점령했다면 여세를 몰아 계속 공격해야 하는데 전혀 다른 맥락의 말을 합니다. 여호수아는 이스라엘의 하나님 여호와를 위하여 에발 산에 제단을 쌓습니다. 그리고 백성을 이끌고 에발 산으로 갑니다. 에발 산은 아이 성 북쪽으로 이틀 길을 걸어가야 합니다. 전쟁에서 승리하기 위해서는 군사의 사기를 증진하여 여세를 몰아야 합니다. 힘겨웠지만 아이 성을 점령하고 녹았던 마음도 회복되었는데, 왜 여호수아는 여세를 몰아 이방 민족을 쫓아내지 않았을까요? 왜 멈췄을까요? 왜 백성을 데리고 먼 길을 걸어 제단을 쌓았을까요? 여호수아의 행동이 잘 이해되지 않습니다.

여호수아서 9장에는 가나안 땅 부족들이 이스라엘 백성이 여리고 성에 이어 아이 성을 점령한 소식을 들었다고 기록되어 있습니다. 그래서 여섯 부족의 왕들이 모여 연합 전선을 구축합니다(수 9:2).

"모여서 일심으로 여호수아와 이스라엘에 맞서서 싸우려 하더라"

여섯 부족의 왕이 모여 힘을 합쳐 여호수아와 이스라엘 백성과

맞서 싸우려고 전쟁을 준비합니다. 이스라엘은 더욱 집중하여 전쟁에 임해야 합니다. 긴장된 상태로 동태를 살펴야 할 때입니다. 그런데 굉장히 위험한 시기에 여호수아는 그 누구도 예상하지 못한 일을 합니다. 아직 해야 할 일이 산더미같이 쌓여 있는데 왜 모든 것을 중단하고 에발 산으로 갔을까요? 전쟁보다 더 중요한 일이 무엇일까요? 아무리 바쁘고 중요한 일 같아도 우리 인생에는 가장 중요한 일이 있습니다. 하나님은 여호수아를 통해 그것을 알려주십니다. 여호수아 8장 33절을 보면 이스라엘 백성이 그곳에서 무엇을 했는지 알려줍니다.

> "온 이스라엘과 그 장로들과 관리들과 재판장들과 본토인뿐 아니라 이방인까지 여호와의 언약궤를 멘 레위 사람 제사장들 앞에서 궤의 좌우에 서되 절반은 그리심 산 앞에, 절반은 에발 산 앞에 섰으니 이는 전에 여호와의 종 모세가 이스라엘 백성에게 축복하라고 명령한 대로 함이라"

이스라엘 백성의 절반은 그리심 산을 향하고, 나머지 절반은 에발 산으로 향합니다. 그리고 이제 돌에 새긴 율법을 선포하며 그 이유를 설명합니다. "이는 전에 여호와의 종 모세가 이스라엘 백성에게 축복하라고 명령한 대로 함이라" 하나님께서 모세를 통해서 주셨던 명령을 지키기 위해서 에발 산으로 올라간 것입니다. 이스라엘 백성에게 가나안 땅을 점령하는 것보다 더 중요한 일은 하나님을 잘 섬기는 것입니다. 하나님께서 이스라엘 백성을 애굽에서 이끌고 나온 이유는 그들을 약속의 땅으로 인도하여 하나님과 친밀한 관계 속에서 영광 받으시기 위해서입니다. 이스라엘 백성의 최고 목적은 하나님을 잘 섬기는 것이지 가나안을 정복하는 것이 아닙니다.

우리 삶도 마찬가지입니다. 세상에서 많은 부를 얻고 성공하며 출세하는 것을 목적으로 삼으면 안 됩니다. 출세하고 성공하면 좋습니다. 그런데 그것이 목적이 되어서는 안됩니다. 출세하고 성공하는 이유도 하나님을 더 잘 섬기기 위해서여야 합니다. 그런데 사람들은 순서를 바꾸고, 수단과 목적을 바꿉니다. '돈 좀 벌어놓고', '우리 아이 대학 보내놓고 좀 안정되면', '시간 여유가 생기면…'이라고 말합니다. 이는 하나님을 섬긴다 말하면서 우선순위에서 하나님을 뒤로 미루는 것과 마찬가지입니다. 서로 경쟁하며 전쟁 같은 삶을 사는 우리에게 하나님은 여호수아를 통해 말씀하십니다. "그것을 중단하고 하나님을 섬기라."

우선순위를 따라

가장 우선되는 것은 예배입니다. 여호수아는 에발 산에 제단을 쌓습니다(수 8:30).

"그 때에 여호수아가 이스라엘의 하나님 여호와를 위하여 에발 산에 한 제단을 쌓았으니"

제단을 쌓은 것은 하나님께 예배드린다는 의미입니다. 예배는 영어로 '워십(Worship)'입니다. Worship은 'Worthy'에서 나왔습니다. Worthy는 가치입니다. 예배는 '내 삶의 최고의 가치는 하나님입니다.'라고 고백하는 것입니다. 또한 예배는 '하나님이 내 삶에 첫 번째예요.'라고 고백하는 것입니다. 우리 마음을 저울에 달아보십시오. 하나님을 예배하는 것과 세상의 이익이나 재미를 좇는 것 중에서 어디로 무게의 추가 기울어 있나요? 예배는 '내 삶의 첫 번째는 무슨 일이 있어도 하나님을 경배하는 것이고, 하나님이 내 삶의 우선순위입니다.'라고 고백하는 것입니다. 우리가 예배를 붙잡으면 하나님이 우리를 붙잡아 주십니다. 하나님을 우리 삶의 첫 번째로 인정하면 하나님이 우리 인생을 이끌어 주십니다. 시편 50장 23절에도 이를 보여줍니다.

"감사로 제사를 드리는 자가 나를 영화롭게 하나니 그의 행위를 옳게 하는 자에게 내가 하나님의 구원을 보이리라"

감사함으로 예배하는 사람이 하나님을 영화롭게 한다고 합니다. 감사함으로 예배할 때 하나님의 구원을 그에게 보이시겠다고 하십니다. 우리가 삶의 우선순위를 하나님께 드린 것을 아시기에 이제 하나님의 구원을 보여주시겠다는 말입니다. 삶의 1순위는 하나님입니다. 이 우선순위를 잘 지키는 것이 하루를 잘 사는 비결입니다.

하나님이 1순위라면 우리는 결단해야 합니다. 그리심 산과 에발 산 사이에서 이스라엘 백성은 결단했습니다. 우리도 하나님 말씀의 축복과 저주 앞에서 '아멘'으로 결단해야 합니다. 아멘은 '정말로 그렇게 될 것을 믿습니다.'라는 뜻입니다. 하나님의 말씀에는 축복만 있지 않고 저주도 있습니다. '우상을 섬기는 자는 돌로 칠지니라.' 말씀하셨고, '아멘'으로 화답했습니다. '자기 부모를 공경하지 않은 자는 돌로 칠지니라.'라는 말씀에도 '아멘' 했습니다. 하나님의 뜻대로 살지 않는 자에게는 이 말씀이 저주의 말씀입니다. 이스라엘 백성이 반으로 나뉘어 에발 산과 그리심 산에서 축복과 저주의 말씀을 선포할 때 '아멘' 했습니다. 그곳에서 결단했습니다. 저주의 말씀대로 살지 않겠다는 것입니다. 신명기 11장 29절에도 이 두 가지를 모두 말씀합니다.

> "네 하나님 여호와께서 네가 가서 차지할 땅으로 너를 인도하여 들이실 때에 너는 그리심 산에서 축복을 선포하고 에발 산에서 저주를 선포하라"

하나님 여호와께서 이스라엘 백성을 약속의 땅으로 인도하실 때, 여호수아에게 그리심 산에서 축복을 선포하고 에발 산에서 저주를 선포하라고 하셨습니다. 축복과 저주를 모두 선포하라는 말입니다. 선택은 백성이 하는 것입니다. 그래서 복도 선포하고 저주도 선포합니다. 신명기 11장 26절을 보면 "내가 오늘 복과 저주를 너희 앞에 두었다"라고 합니다. 복을 너희 앞에 두었으니 너희들이 선택하라는 것입니다.

누구나 하나님의 복을 선택하고 싶을 것입니다. 어느 누가 저주를 선택하고 싶겠습니까? 그런데 자기도 모르게 저주를 선택합니다. 하나님을 먼저 선택해야 하는데, 하나님이 아닌 눈앞에 있는 이익이나 재미를 선택합니다. 당장은 재미있고 유익이 있는 듯합니다. 하지만 시간이 지나면 그것은 복이 아니라 재앙이라는 것을 깨닫게 됩니다. 우선순위를 따라 하나님을 선택하면 당장은 힘들고 손해 보는 것 같습니다. 선택과 동시에 우리 삶이 결정되지는 않습니다. 그럼에도 묵묵히 그 길을 가야 합니다. 살아가며 무엇이 중요한지를 알게 됩니다.

로버트 프로스트(Robert Frost)의 「가지 않는 길」이라는 시가 있습니다. 시인은 인생에 두 가지 길이 있다고 표현합니다. 그런데 두 길 모두를 갈 수 없고 하나의 길을 선택해야 합니다. 두 길 중 선택한 길이 자신의 인생이라는 의미입니다. 선택의 중요성을 이야기합니다. 시의 마지막 구절은 이렇습니다.

지금부터 오래오래 후 어디에선가 나는 한숨지으며 이렇게 말하겠지.
숲속에 두 갈래 길이 나 있었다고,
그리고 나는 나는 사람들이 덜 지나간 길을 택하였고
그로 인해 모든 것이 달라졌노라고.

선택한 그때는 몰랐지만, 훗날 그 길 끝에서 고백하게 됩니다. 그 선택이 내 인생을 이렇게 바꾸었다고. 세상 사람들은 가는 길이 있습니다. 그러나 성도는 다른 길을 걷습니다. 성도는 성도의 길을 가야 행복합니다. 세상 사람들은 자기 길로 가지만, 우리는 그리스도인의 길을 가야 합니다. 성도의 행복한 길은 고린도후서 6장 10절에 잘 나타납니다.

"근심하는 자 같으나 항상 기뻐하고, 가난한 자 같으나 많은 사람을 부유하게 하고, 아무것도 없는 자 같으나 모든 것을 가진 자로다"

세상의 눈으로 보면 성도는 바보 같습니다. 어떤 이는 그리스도인을 향해 '저 사람들 왜 저러고 살지?' 하며 비웃습니다. 하지만 성도의 길을 묵묵히 걷다 보면, '내가 복을 선택했구나. 너무 잘했다.' 고 생각하게 됩니다. 우리는 믿음의 용기를 가지고 하나님의 복을 선택해야 합니다. 하루를 잘 사는 최선의 용기는 하나님을 우선순위에 두는 것입니다. 이것이 진짜 잘 사는 사람입니다.

7장
최악의 날에도 희망은 있다

여호수아 20:1-6

1 여호와께서 여호수아에게 말씀하여 이르시되 2 이스라엘 자손에게 말하여 이르기를 내가 모세를 통하여 너희에게 말한 도피성들을 너희를 위해 정하여 3 부지중에 실수로 사람을 죽인 자를 그리로 도망하게 하라 이는 너희를 위해 피의 보복자를 피할 곳이니라 4 이 성읍들 중의 하나에 도피하는 자는 그 성읍에 들어가는 문 어귀에 서서 그 성읍의 장로들의 귀에 자기의 사건을 말할 것이요 그들은 그를 성읍에 받아들여 한 곳을 주어 자기들 중에 거주하게 하고 5 피의 보복자가 그의 뒤를 따라온다 할지라도 그들은 그 살인자를 그의 손에 내주지 말지니 이는 본래 미워함이 없이 부지중에 그의 이웃을 죽였음이라 6 그 살인자는 회중 앞에 서서 재판을 받기까지 또는 그 당시 대제사장이 죽기까지 그 성읍에 거주하다가 그 후에 그 살인자는 그 성읍 곧 자기가 도망하여 나온 자기 성읍 자기 집으로 돌아갈지니라 하라 하시니라

최고의 일과 최악의 일

아이를 키우는 일은 부모의 헌신이 필요합니다. 아장아장 걷는 모습이 이쁘다가도 어느새 고집을 부리고 말을 듣지 않는 자녀를 보면, '빨리 아이가 자랐으면 좋겠다'는 생각이 들기도 합니다. 그러나 아이가 자랐다고 부모의 역할이 끝나지 않습니다. 대학도 가고 직장도 구해야 하며 결혼도 해야 합니다. 손자가 생기면 이를 보살피기까지 합니다. 부모는 그렇게 자녀의 그림자가 되어 살아갑니다.

사람들은 힘들고 어려운 일이 생기면 빨리 이 일이 지나가기만을 바랍니다. 인생을 살다 보면 자신이 원하지 않지만 넘어야 할 험난한 산이 가로막을 때도 있고, 건너야 할 깊은 강을 만날 때도 있습니다. 끝이 보이지 않는 황량한 사막을 건너가야 할 때도 있고 눈물의 골짜기를 지나가야 할 때도 있습니다. 이처럼 험난한 인생길을 걷는 우리를 보시고 예수님은 '수고하고 무거운 짐진 자'라고 하십니다. 이 땅에 태어나 살면서 좋은 일도 있지만, 수고와 무거운 짐을 지고 사는 것이 인생의 일이라고 하십니다. 이 인생살이에서 어리석은 사람은 불만과 원망으로 살고, 복 있는 사람은 감사와 찬양으로 삽니다. 여러분은 어리석은 사람의 삶을 살고 있습니까? 복 있는 사람의 삶을 살고 있습니까?

성경은 '형통한 날과 곤고한 날'을 이야기합니다. 인생 '최고의 일'과 '최악의 일'이 우리에게 찾아옵니다. 피하고 싶어도 피할 수 없는 인생 최고의 일도 있고 최악의 일도 있습니다. 이 용어는 존 고든(Gordon, Jon)의 책 『인생 단어』에서 발췌해 왔습니다. 존 고든은 영국인 중에서 모든 면에서 뛰어나고 잘 사는 사람 500명을 뽑아 관찰합니다. 인간관계도 좋고, 경력도 좋으며, 꿈이 있고 부유한 사람 500명입니다. 그들의 삶을 살펴보니 흥미로운 점이 두 가지 있었습니다. 누가 봐도 이 사람들은 어려움이 없었을 것 같지만 500명 모두 인생 최악의 날을 만났다는 것입니다. 태어날 때부터 부와 명예, 능력을 갖춘 사람들인 것 같지만 그들 모두 인생 최악의 날을 겪었습니다. 이들의 또 다른 공통점은 최악의 날을 만나 가장 힘들고 어려울 때, 그것을 기회로 삼아 더 높게 올라섰다는 것입니다. 갤럽이 조사한 결과도 흥미롭습니다. 인생에서 최고의 일과 최악의 일의 관계성을 질문했더니, 응답자의 80%가 상관관계가 있다고 응답했습니다.

성경에서 최악의 날을 만났던 사람은 단연코 욥입니다. 재물이나 돈을 조금만 잃어도 사람들은 굉장히 낙심합니다. 그런데 욥은 조금이 아닌 전부를 잃었습니다. 부자였던 그는 모든 재산을 한순간에 잃었습니다. 사랑하는 열 자녀도 모두 한자리에서 잃었습니다. 얼마나 슬프고 고통스러울까요! 거기다 병까지 들었습니다. 성경에 보면 머리부터 발끝까지 종기가 생겨 기왓장으로 자기 몸을 긁었다고 말합니다. 자녀와 재물을 한순간에 잃고, 병까지 얻은 최악의 날입니다. 그런데 욥은 최악의 날을 지나 최고의 날을 만납니다. 어떻게 변화되었을까요?

욥처럼 힘들고 견디기 힘든 고통스러운 일이 우리에게도 있습니다. 치명적인 병환 중에 계신 분도 있고, 직장을 잃거나 사랑하는 가족을 잃은 분도 있습니다. 그뿐만이 아닙니다. 보이지 않는 아픔이 있는 분도 있습니다. 가족, 동료, 친구들에게 오해받고 사실과 다르게 잘못된 소문으로 고통받기도 합니다. 이런 어려움을 당할 때 우리는 도망가고 싶습니다. 너무 힘든 날은 하던 일을 모두 접어놓고 멀리 떠나고 싶습니다. 하지만 멀리 도망간다고 문제가 해결되지 않습니다. 나를 괴롭게 하는 것은 어디든 나를 쫓아옵니다. 술을 마시거나 극단적인 선택으로 이를 끝내려고 하지만 이는 올바른 방법이 아닙니다. 그렇다면 최악의 날을 벗어나는 최고의 방법은 무엇일까요?

예비해 주신 도피성

하나님은 우리를 잘 아십니다. 그래서 도망가고 싶은 사람들에게, 어쩔 수 없는 상황을 만난 사람들에게, 최악의 날을 만난 사람들에게 피할 수 있는 장소를 주셨습니다. 바로 도피성입니다. 여호수아 20장에는 도피성 제도가 설명되어 있습니다. 가나안 땅에 들어온 이스라엘 백성은 각 지파별로 땅을 분배받았습니다. 그런데 하나님은 삶의 터전만 주지 않으셨습니다. 힘들 때 숨을 수 있는 곳도 주셨습니다. 하나님이 왜 도피성을 주셨는지 도피성이 무엇을 하는 곳인지에 대해 여호수아는 이렇게 설명합니다(수 20:3).

> "부지중에 실수로 사람을 죽인 자를 그리로 도망하게 하라 이는 너희를 위해 피의 보복자를 피할 곳이니라"

부지중에 실수로 사람을 죽인 자는 도피성에 갈 수 있습니다. 사람을 죽였다는 것은 최악의 날입니다. 당시에 사람을 죽이면 죽인 자도 똑같이 죽임을 당했습니다. 피비린내 나는 악순환이 계속되는 것입니다. 하나님은 그 순환을 끊으라고 도피성을 만드셨습니다. 부지중에 실수로 사람을 죽였다면 빨리 도피성으로 도망쳐야 합니다. 그곳에는 보복자가 들어갈 수 없습니다. 살인한 자는 정당한 재판을 받기까지 그곳에 안전하게 머물 수 있었습니다. 하나님은 사람답게, 평화롭게 살게 하기 위한 방편으로 도피성을 주셨습니다. 도피성은 요단 동쪽에 세 개, 요단 서쪽에 세 개로, 어디서든 쉽게 찾아갈 수 있도록 가장 잘 보이는 높은 곳에 만드셨습니다. 어느 곳에서나 빠르게 도망갈 수 있도록 직선거리로 쭉 뻗은 곳에 도피성을 만드셨습니다. 인간의 연약함을 잘 아시는 하나님께서 인생 최악의 날에 숨을 수 있는 도피성을 만들어 주신 것입니다. 여호수아는 도피성에 대해 더욱 상세하게 설명합니다(수 20:9).

> "이는 곧 이스라엘 모든 자손과 그들 중에 거류하는 거류민을 위하여 선정된 성읍들로서 누구든지 부지중에 살인한 자가 그리로 도망하여 그가 회중 앞에 설 때까지 피의 보복자의 손에 죽지 아니하게 하기 위함이라"

도피성은 이스라엘 백성이든지, 그들과 함께 사는 이방인이든지, 실수로 사람을 죽였을 때에는 그곳으로 도망하여 복수하려는 사람의 손에 죽지 않고 보호하려 만든 곳입니다. 하나님은 그곳으로 도피한 사람이 재판받을 때까지 보복자의 손에 죽임당하지 않도록 머물게 하셨습니다. 하나님은 이처럼 은혜로우신 분이십니다. 하나님은 가나안으로 이스라엘 백성을 인도하시면서 그들이 머물 터전만 주신 것이 아닙니다. 사람은 땅만으로 살 수 없습니다. 많은 부를 가졌다고 잘 살 수 없습니다. 땅이 많고, 돈이 많아서가 아니라 하나님의 은혜가 있어야 평화롭게 살 수 있습니다. 은혜가 없으면 우리는 이미 끝난 인생인지도 모릅니다. 하나님이 우리 인간의 연약함과 부족함을 아시기에, 실수도 하고 실패도 하며 또한 피할 길 없이 힘들어하는 인생을 살피십니다. 우리에게 도피성을 주셔서 인간답게 살도록 하십니다.

도피성은 하나님의 은혜입니다. 실수하고, 실패하는 우리를 보호하고자 만드신 하나님의 놀라운 사랑입니다. 그래서 하나님은 우리가 실패를 만났을 때 좌절하거나 포기하지 말고, 그 실패를 도약의 발판으로 삼으라고 하십니다. 다시 일어날 기회로 삼으라는 뜻입니다. 실수하지 않는 사람은 아무도 없습니다. 우리는 실수하고 실패도 하는 미약한 존재입니다. 그런데 실패하였다고 주저앉으면 정말 끝입니다. 실패를 도약의 기회로 삼는다면, 끝이 아니라 더 성장하고 성숙할 수 있습니다.

영어 속담에 이런 말이 있습니다. "Do not fear failure but rather fear not trying." 번역하면 '실패를 두려워하지 말고 시도하지 않는 것을 두려워하라.'는 뜻입니다. 실패할까 시도조차 하지 않는 것에 경종을 울립니다. 자칫 실패할까, 잘못될까 작은 시도조차 못 하는 사람이 많습니다. 실패할까 두려워서 하고 싶은 일을 포기하고, 가고 싶은 곳에 가지도 못합니다. 사랑에 실패할까 봐 연애도 못 하는 사람도 있습니다. 사랑을 시작하려면 "당신을 사랑합니다."라고 고백해야 합니다. 하지만 '내 고백을 받아주지 않으면 어떡하지?' '나를 거절하면 어떡하지?' 하며 전전긍긍하다 그만둡니다. 고백하지 않으면 사랑은 이루어지지 않습니다. 시작하지 않으면 결국 홀로 머물러야 합니다.

우리는 실패할 수밖에 없는 인간이며, 실수할 수밖에 없는 연약한 존재임을 인정해야 합니다. 그것을 인정한다면 실패가 두려워서 시작조차 못 하는 일이 없을 것입니다. 믿음에도 용기가 필요합니다. 우리에게는 용기를 주시는 분이 계십니다. 바로 하나님이십니다. 하나님은 여호수아에게 "너는 마음을 강하게 하고 담대하라"라고 하셨습니다. "너의 능력에 상관없이 너는 오직 마음을 강하게 하고 담대하게 하라. 가나안 땅을 점령하는 일은 하나님께서 하시니 너는 용기만 내면 된단다. 강하고 담대하라." 여호수아는 하나님의 말씀을 의지하여 가나안 땅으로 나아갔습니다. 우리도 하나님의 능력을 의지하여 담대한 용기를 품을 수 있습니다. 용기 없이 할 수 있는 일은 없습니다. 주님이 주신 용기를 품을 때 실패에서 재기할 수 있습니다. 다시 기회를 만들 수 있습니다.

사람을 죽여 도피성으로 도망친 사람은 지금 살아 있습니다. '살아 있다'는 말은 다른 말로 '희망이 있다'는 말입니다. '내가 아직 죽은 것이 아니고 살아있네!'라고 할 때, '살아 있다'는 것은 결국 다시 시작할 수 있는 희망이 있다는 뜻입니다. 우리는 살아 있습니다. 즉 우리에게 희망이 있습니다.

주의 옷자락을 붙잡고

마가복음 5장에는 열두 해를 혈루병을 앓은 여자가 나옵니다. 당시에 여자가 계속 피를 흘린다는 것은 불경스럽고 수치스러운 일이었습니다. 더욱이 열두 해 동안 피가 흐르고 있으니 몸도 쇠약해졌을 겁니다. 병을 잘 고친다는 의사들을 모두 찾아다녔지만 아무도 그녀를 고치지 못했습니다. 병을 고치기 위해 재산도 모두 허비했을 것입니다. 그녀는 최악의 날들로 12년을 보내야 했습니다. 그때 여자는 기쁜 소식을 듣습니다. 예수님을 만나면 병을 고칠 수 있다는 소식을 들은 것입니다(막 5:28).

> "이는 내가 그의 옷에만 손을 대어도 구원을 받으리라
> 생각함일러라"

열두 해 동안 혈루병을 앓던 여자에게 희망이 생깁니다. '그래. 그 많은 의사를 만났는데 재산만 날리고 몸은 더 아팠지. 이제 예수님께 가서 내가 그의 옷자락만 잡아도, 그 옷에 손만 대어도 나는 나을 거야.'라는 희망이 생겼습니다. 여인은 아픈 몸을 이끌고 예수님을 찾아갑니다. 그런데 이미 너무 많은 사람들이 예수님께 몰려있어 가까이 갈 수 없습니다. 그러자 여인은 예수님을 붙잡기 위해 무리 앞으로 힘겹게 나아갑니다. 예수님 앞에는 차마 서지 못

하고 예수님 뒤로 가 옷자락을 잡습니다. 여인이 예수님의 옷자락을 잡는 순간 예수님의 능력이 그 여인에게 들어가 혈루의 근원이 멈췄다고 성경은 기록하고 있습니다. 그렇습니다! 예수님의 은혜로 순식간에 그 여인은 치료된 것입니다. 그 여인은 살아있기에 예수님을 만날 희망이 있었고, 그 희망을 품고 나아갔을 때 구원받은 것입니다.

최악의 날에도 희망이 있는 것은 우리가 살아있기 때문입니다. 그리고 예수님이 계시기에 희망이 있습니다. 예수님은 우리의 피난처가 되어 주십니다. 우리가 어떤 어려움이나 고통 속에서도 힘을 낼 수 있는 것은, 그분이 오늘도 우리 삶을 주관하시고 함께하시기 때문입니다. 다윗은 시편 46장 1절에서 이를 확신합니다.

> "하나님은 우리의 피난처시요 힘이시니 환란 중에 만날 큰 도움이시라"

하나님은 우리의 피난처이십니다. 어떤 환란을 만나도, 어떤 최악의 날을 만나도 하나님이 우리의 피난처이심을 믿으십시오. 그분에게 피하면 됩니다. 하나님께 피하면 우리에게 큰 도움이 되셔서 우리를 살리실 것입니다. 하나님이 우리의 아버지이시기에 우리는 오늘도 희망을 품습니다. 시편 40장 2절에서도 다윗은 하나님께서 자신을 기가 막힐 웅덩이와 수렁에서 끌어 올리셨다고 고백합니다. 더하여 자기 발을 반석에 두사 걸음을 견고하게 하셨다고 찬양합니다. 이스라엘 최고의 왕인 다윗도 기가 막힐 웅덩이와 진흙 구덩이에 빠집니다. 아무리 애를 써도 올라오기 힘들었고 여러 환란이 그를 에워쌌습니다. 그러나 하나님은 우리를 웅덩이와 진흙 구덩이에 홀로 두지 않습니다. 수렁에 깊이 빠진 최악의 날, 주님은 우리를 끌어올리시고 우리 발을 반석 위에 세워주십니다.

세상의 소리에 집중하면 절망이 찾아옵니다. 하지만 하나님을 향해 마음을 열면 소망이 찾아옵니다. '할 수 있겠네! 가능하겠네!' 하는 희망이 솟아납니다. 예수 그리스도로 말미암아 전능하신 하나님이 우리 아버지가 되시기 때문입니다. 우리는 하나님을 바라보기만 하면 됩니다. 시편 62장 5절에서도 하나님을 바라보라고 합니다.

> "나의 영혼아 잠잠히 하나님만 바라라. 무릇 나의 소망이 그로부터 나오는도다"

기가 막힐 상황에 부닥쳐도 해결책은 하나님을 바라보는 것이 우선입니다. 발버둥 치면 칠수록 오히려 더 깊은 수렁에 빠집니다. 잠잠히 하나님을 바라보십시오. 우리가 주님을 바라볼 때 마음의 불안, 염려, 걱정이 사라지고, 아침 햇살 같은 주님의 소망이 우리 안으로 들어옵니다. 지금도 살아계셔서 역사하시는 하나님을 의지하면 우리는 소망으로 다시 시작할 수 있습니다.

맹인 가수 이용복이라는 분이 계십니다. 그는 세 살 무렵, 툇마

루에서 놀다 떨어지면서 바닥에 있던 돌에 왼쪽 눈이 찧어 실명하였습니다. 그러다 또 사건이 벌어집니다. 일곱 살 때 동네 친구들과 스케이트를 타다 그만 장난 끝에 오른쪽 눈이 스케이트 날에 찔려 실명하게 된 것입니다. 그에게 최악의 날이 왔습니다. 시간이 흘러 가수가 된 그는 슬픈 노래를 불렀습니다. 「어머니 왜 날 낳으셨나요?」라는 노래인데 가사가 무척 슬픕니다.

폭풍에 눈보라 휘날리던 그 어느 날 밤에
떨어진 꽃잎처럼 나는 태어났다네.
내 눈에 보이던 아름다운 세상
잊을 수가 없어.
가엾은 어머니 왜 나를 낳으셨나요.

봄 여름 가을이 또 겨울이 수없이 지나도
뒹구는 낙엽처럼 나는 외로웠다네.
모두들 정답게 어울릴 때도 내 친구는 없어.
그림자 밟으며 나 몰래 울었다네.
가엾은 어머니 왜 나를 낳으셨나요.

'왜 나를 낳으셨나요?' 자기가 태어난 날이 저주였다고 생각할 만큼 괴롭다는 것입니다. 그러던 그가 예수님을 만나게 됩니다. 따뜻한 주님을 만납니다. '눈을 감으면 저 멀리서 다가오는 다정한 그림자'가 있음을 알고 있다고 말합니다. '눈 감으면 잊지 못한 그 사람을 멀리 저 멀리서 무지개 타고 오네.' 예수님이 빛으로 오셨다고 고백합니다. 현재 그는 결혼하여 두 아들을 낳고 태안반도 어느 해변에서 노래하며 살고 있습니다. 최악의 날을 만나고 캄캄한 슬픔 속에 머물렀지만, 사랑하는 예수님이 그의 도피성이 되어 주셔서 소망을 품게 하셨습니다. 실망하고 좌절하는 인생에서 밝고 희망이 있는 새로운 삶을 살게 하셨습니다. 이 세상에는 최악의 날을 헤쳐나갈 길도 없고 방법도 없습니다. 그러나 예수님은 그 길과 방법을 알려주십니다(마 11:28).

> "수고하고 무거운 짐진 자들아 다 내게로 오라. 내가 너희를 쉬게 하리라"

여기에 '수고하고'는 수동태입니다. 어쩔 수 없이 만나는 어려움을 말합니다. '무거운 짐'은 능동태입니다. 우리가 실수하고 실패해서 짊어진 짐을 말합니다. 어쩔 수 없는 운명 같은 짐도, 혹은 우리의 잘못으로 짊어진 짐도 모두 가져오라는 뜻입니다. 주님은 그 모든 삶의 짐을 당신께 들고 오라고 말씀하십니다.

> "수고하고 무거운 짐진 자들아 다 내게로 오라. 내가 너희를 쉬게 하리라"

그렇습니다. 예수님은 우리의 영원한 피난처가 되십니다. 최악의 날에 하나님은 이미 우리에게 피할 길을 마련해 두셨습니다. 예수님 안에서 우리는 다시 시작할 수 있습니다.

PART 2.

Fill, THE DREAM

8장
행동하지 않으면 언제나 그 자리다

사도행전 1:6-11

6 그들이 모였을 때에 예수께 여쭈어 이르되 주께서 이스라엘 나라를 회복하심이 이 때니이까 하니 7 이르시되 때와 시기는 아버지께서 자기의 권한에 두셨으니 너희가 알 바 아니요 8 오직 성령이 너희에게 임하시면 너희가 권능을 받고 예루살렘과 온 유대와 사마리아와 땅 끝까지 이르러 내 증인이 되리라 하시니라 9 이 말씀을 마치시고 그들이 보는데 올려져 가시니 구름이 그를 가리어 보이지 않게 하더라 10 올라가실 때에 제자들이 자세히 하늘을 쳐다보고 있는데 흰 옷 입은 두 사람이 그들 곁에 서서 11 이르되 갈릴리 사람들아 어찌하여 서서 하늘을 쳐다보느냐 너희 가운데서 하늘로 올려지신 이 예수는 하늘로 가심을 본 그대로 오시리라 하였느니라

행동할 때

팻 맥라건(Pat McLagan)의 『바보들은 항상 결심만 한다』라는 책이 있습니다. 이 책의 부제는 '하루에 몇 번씩 변화해야지라고 생각하는 그대에게'입니다. 행동하지 않으면 변하지 않습니다. 행동하지 않으면 언제나 그 자리입니다. 꿈도 있고, 바람도 있고, 소원이 있어도 행동하지 않으면 얻을 수 없습니다. 혹시 당신은 결심만 하는 바보는 아닙니까? 바보들은 아무것도 하지 않고 결심만 합니다. 이제 행동할 때(Time for Action)입니다.

사도행전 1장에는 행동하지 않고 기다리기만 하는 사람들이 나옵니다(행 1:11).

> "이르되 갈릴리 사람들아 어찌하여 서서 하늘을 쳐다보느냐 너희 가운데서 하늘로 올려지신 이 예수는 하늘

로 가심을 본 그대로 오시리라 하였느니라"

예수님은 이 땅에서의 사역을 모두 마치시고 구름을 타고 공중으로 올라가셨습니다. 제자들은 주님의 승천을 보면서 망연자실합니다. 그런데 하늘에서 흰옷을 입은 두 천사가 나타나 말합니다. "갈릴리 사람들아 어찌하여 서서 하늘을 쳐다보느냐?" 무엇을 하며 거기에 서 있느냐는 뜻입니다. 예수님은 승천하신 그 모습 그대로 다시 이 땅에 오실 텐데 왜 하늘만 멍하니 바라보냐며 책망합니다.

인생은 세 가지 C(CCC)로 결정된다고 합니다. 첫 번째 C는 Chance(기회)입니다. 삶의 순간순간이 기회입니다. 어린 시절에 실컷 뛰어놀 기회, 청소년 시절에 열심히 공부할 기회, 청년 시절에 멋진 꿈을 꿀 기회, 장년 시절에 사회와 가정을 위해 일할 기회가 우리 앞에 있습니다. 두 번째 C는 Choice(선택)입니다. 기회를 선택하는 겁니다. 기회를 잡지 않으면 그냥 지나가 버립니다. 마지막 C는 Challenge(도전)입니다. 선택한 후에 도전하는 것이며 행동하는 것입니다. 기회(Chance)를 선택(Choice)한 후 도전(Challenge)할 때 우리는 바라고 원한 것을 이룰 수 있습니다. 성공한 사람들은 이 CCC를 이룬 사람들입니다. 우리 주변에 인격도 좋고, 성품도 괜찮은데 어영부영 살아가는 사람을 봅니다. 그런 사람은 성공하지 못합니다. 행동하지 않아서입니다. 그들은 꿈도 꿨고, 소원도 있으며, 바램도 있었지만 중요한 한 가지를 하지 않았습니다. Challenge, 도전하지 않았습니다. 우리가 잘 아는 고시조가 있습니다. 양사언의 「태산가」입니다.

태산이 높다 하되 하늘 아래 뫼이로다.
오르고 또 오르면 못 오를 리 없건만은
사람이 제 아니 오르고 뫼만 높다 하더라.

아무리 높은 산이라도 하늘 아래에 있습니다. 하루아침 정상에 오르기는 힘들지만, 오르고 또 오르면 정상에 못 오를 리 없습니다. 하지만 사람들은 산이 높다고 핑계를 대며 출발조차 하지 않습니다. '저 산은 높아서 안 되고, 이 산은 험난해서 안 되고, 이것이 문제이고 저것이 문제고….' 핑계를 대며 산을 오르지 않으면 당장은 숨이 차지도, 다리가 아프지도 않습니다. 그저 그늘 밑에 쉬며 편한 하루를 보낼 수 있습니다. 하지만 아무것도 얻을 수 없습니다. 꿈이 있지만 그 꿈을 위해 행동하지 않으면, 바람에 나부끼는 잎사귀가 될 뿐입니다. 열매를 맺지 못합니다.

어쩌면 산을 오르고 싶었고 산을 오를 기회도 있었지만, 현실적인 어려움으로 기회를 잡지 못했을 수도 있습니다. 당장 눈앞에 해결해야 할 일들로 기회를 잡지 못했을 겁니다. 여러분 앞에 지금 어떤 문제가 놓여 있습니까? 오르고 싶은 산이 있는데 어떤 문제가 가로막고 있습니까? 그 문제를 해결할 수 있는 답을 찾고 있습니까? 하나님은 어떤 어려운 문제도 해결할 수 있는 답이 있다고 말합니다. 우리가 원하는 것을 얻을 수 있다고 말씀하십니다. 예수님의 말씀입니다(막 9:23).

> "할 수 있거든이 무슨 말이냐 믿는 자에게는 능히 하지 못할 일이 없느니라"

사도 바울도 이렇게 말합니다(빌 4:13).

> "내게 능력 주시는 자 안에서 내가 모든 것을 할 수 있느니라"

주님이 능력을 주시겠다고 하십니다. 여기에서 '모든 것'이란 어떤 '특정한 것'만이 아니라 '전체'를 의미합니다. 주님이 우리에게 능력을 주시면 우리는 모든 것을 할 수 있습니다. 답이 보이지 않고 해결할 여건이 안 되어도 걱정하지 마십시오. 그 모든 것을 능히 이기고 승리하신 주님이 우리와 함께하십니다. 그분이 우리의 능력이 되십니다. 우리는 현실적인 문제로 고민하다가 좌절하거나 포기합니다. 그럴 때 더욱 주님을 의지해야 합니다.

예수님의 제자들도 현실의 문제로 버거웠습니다. 3년간 생사를 함께한 예수님께서 십자가에 달려 돌아가셨습니다. 우리의 죄를 짊어지고 십자가에서 다 이루었다고 선언하시고 죽으신 것입니다. 그러나 희망이 생겼습니다. 주님이 무덤에서 영원히 잠들지 않으시고 사흘 만에 부활하셨습니다. 그리고 하늘로 올라가시기 전 제자들과 많은 사람에게 나타나셨습니다. 이곳은 감람산입니다. 감람산에서 제자들과 마지막 이야기를 나누는 장면이 사도행전 1장에 기록되어 있습니다. 열한 제자는 예수님의 부활로 다시 힘을 얻었는데, 그만 예수님께서 다시 떠나신다고 합니다. 잠시 솟았던 희망이 푹 꺼집니다. 제자들이 당면한 문제를 예수님께 질문합니다(행 1:6).

> "그들이 모였을 때에 예수께 여쭈어 이르되 주께서 이스라엘 나라를 회복하심이 이 때니이까 하니"

지금 제자들이 풀고 싶었던 문제는 이스라엘의 회복이었습니다. 그래서 그들은 "주님께서 이스라엘 나라를 회복하심이 지금입니까?"라고 묻습니다. 예수님은 만왕의 왕으로, 메시아로 권능을 행하시니 제자들뿐만 아니라 많은 사람이 예수님을 따라다니며 곧 회복될 이스라엘 모습을 상상했을 것입니다. 그들은 예수님이 이스라엘을 회복하실 분이라고 생각했습니다. 그런데 그런 예수님께서 갑자기 십자가에서 힘없이 죽으셨으니 얼마나 낙심했을까요? 또 놀랍게 부활하셔서 새로운 기대를 품었는데 다시 하늘로 올라가신다고 하니, 제자들은 롤러코스터를 탄 심정이었을 것입니다. 그들은 언제쯤 로마의 압제에서 벗어날지 궁금했습니다. 주권을 잃고 남의 나라에 지배받는다는 것은 서러운 일입니다. 이스라엘은 로

마의 지배를 받기 전에는 페르시아의 지배를 받았습니다. 그전에는 바벨론의 지배를 받았습니다. 그러니 늘 서러웠을 것입니다. 그래서 "주님, 우리가 회복되는 것이 이때입니까?"라고 물은 것입니다. 이스라엘의 회복이 그들의 현실적인 문제였습니다.

우리도 마찬가지입니다. 자녀 문제, 사업 문제, 연애 문제, 직장 문제, 가정 문제 등 어려움이 생기면 하나님께 달려갑니다. 그리고 "하나님, 도대체 언제 이 어려움이 끝납니까?" "이 고통에서 언제 벗어날까요?"라고 묻습니다. 우리도 제자들처럼 언제 고통과 어려움에서 벗어날지 궁금합니다. 그런데 때를 묻는 제자들에게 예수님은 다른 이야기를 하십니다(행 1:7).

> "이르시되 때와 시기는 아버지께서 자기의 권한에 두셨으니 너희가 알 바 아니요"

"언제 해결됩니까?" 물었는데 예수님은 '때와 시기는 아버지의 권한이니 너희가 알 바 없다.'고 하십니다. '너희는 거기에 신경 쓸 필요가 없다. 그 문제에 매달릴 필요가 없다.'라는 말입니다. "거기에 너무 신경 쓰지 마라. 그건 중요한 게 아니다."라고 말씀하시는 것입니다. 그 이유가 무엇일까요? 현실의 문제가 해결된다고 다른 문제가 안 생기겠냐는 뜻입니다. 눈앞에 현실의 문제를 해결했다고 해서 끝난 게 아니라는 말씀입니다. 우리는 종종 하나님 앞에서 "하나님, 이 문제만 해결되면 제가 좀 살 수 있을 것 같습니다."라고 말합니다. 과연 그럴까요?

성령을 받아

큰 파도가 치면 곧 바다가 잔잔해질 것 같지만 이어서 작은 파도가 치고 큰 파도가 다시 몰아칩니다. 그렇게 끝없이 파도가 칩니다. 인생이 그렇습니다. 인생이라는 배를 타고 삶의 바다를 지날 때, 우리는 늘 파도에 부딪힙니다. 살아가는 동안 끊임없이 문제가 찾아옵니다. 그때마다 우리는 답을 찾고자 애씁니다. 예수님은 이를 너무나 잘 알고 계시며 그 문제를 해결한다고 모든 문제가 해결되는 것은 아니라고 말씀하십니다. 그런데 예수님은 그 모든 문제를 일시에 해결할 답을 우리에게 주고 싶어 하십니다(행 1:8).

> “오직 성령이 너희에게 임하시면 너희가 권능을 받고 예루살렘과 온 유대와 사마리아와 땅 끝까지 이르러 내 증인이 되리라 하시니라”

이를 쉽게 풀어쓰면 다음과 같습니다. “너희는 때를 이야기하고, 문제의 답을 요구하지만, 그 문제가 해결된다고 끝나는 것이 아니야. 궁극적인 답이 있어. 그 답은 모든 문제를 일시에 해결할 수 있어. 바로 성령을 받는 거야. 성령이 너희에게 임하면 너희는 권능을 받을 수 있어."

권능은 다이내믹한 파워(Power)를 의미합니다. 권능을 갖게 되면 모든 것을 이길 수 있습니다. 그러니 현재 급한 문제의 답만 생각하지 말고, 궁극적인 답인 성령을 받아 힘 있게 살라고 말씀하시는 것입니다.

사람은 힘을 좋아합니다. 사람들은 체력, 지력, 금력, 권력을 갖고 싶어합니다. 네 가지 힘 중 가장 갖고 싶어 하는 힘은 금력, 돈의 힘입니다. 자본주의 시대에서 돈의 힘은 막강합니다. 원하는 것은 무엇이나 돈으로 얻을 수 있습니다. 심지어 시간이나 사람까지 살 수 있습니다. 사랑도 살 수 있다고 말합니다. 사람들은 성직자들이 돈에 초연할 것이라고 기대합니다. 어느 날 신부와 목사, 유대교 랍비가 모여 헌금에 관한 이야기를 나누었습니다. 먼저 신부님이 말합니다. "저는 하나님께 헌금할 때, 땅바닥에 줄을 그어놓고 돈을 공중에 던져 오른쪽에 떨어지는 돈은 하나님께 드리고 왼쪽에 떨어지는 돈은 제가 갖습니다." 그 말을 들은 목사님이 잠시 생각하다가 이렇게 말합니다. "오른쪽으로 던지면 오른쪽으로 떨어지지 않습니까? 그것은 좋은 방법이 아닌 것 같습니다. 저는 땅바닥에 동그라미를 그린 다음 돈을 공중에 던져 동그라미 안으로 떨어지는 것은 하나님께 드리고, 동그라미 밖으로 떨어진 것만 제가 갖습니다." 랍비가 신부님과 목사님의 이야기를 듣고 말합니다. "두 분 모두 자기에게 유리하도록 돈을 던지네요. 저는 그렇게 하지 않습니다. 저는 제가 가진 모든 것을 하나님께 던집니다. 공중으로 던지는 거지요. 그중 공중에 떠 있는 돈은 주님께 드리고 땅에 떨어진 돈은 제가 갖습니다." 우스갯소리이지만 성직자도 돈을 좋아한다는 것을 보여줍니다. 돈은 현실의 문제를 쉽게 해결해주는 마법과 같은 힘이 있습니다. 하지만 이보다 궁극적인 힘이 있습니다.

아주 병약한 한 남자가 있습니다. 이 남자는 자기 몸을 가누기도 힘든 상태입니다. 그런데 어느 날 큰 바위가 굴러와 집 대문을 가로막습니다. 바위를 피해 다니던 남자는 하나님께 투정을 부립니다. "하나님, 제가 너무 몸이 약하니 이 바위를 옮겨주세요. 좀 치워주세요." 하나님은 말씀하십니다. "사랑하는 아들아, 오늘부터 그 바위를 힘차게 밀어라." 남자는 하나님의 말씀을 따라 바위를 밀기 시작합니다. 하루, 이틀, 사흘 … 일주일을 밀고, 한 달, 두 달, 석 달을 밀었습니다. 그런데 바위는 조금의 변화도 없습니다. 속이 상한 남자는 하나님께 원망하며 "하나님, 하나님이 바위를 밀라고 해서 삼 개월을 밀었습니다. 하지만 바위는 조금도 움직이지 않습니다."라고 불평을 쏟아냅니다. 하나님은 다시금 남자에게 말씀하십니다. "나는 바위를 밀라고 했지, 옮기라고 하지 않았어. 지금 방에 가서 거울로 네 몸을 볼래?" 남자는 거울 앞에서 웃옷을 벗습니다. 그런데 약하던 몸에 근육이 붙어 있습니다. 이제 그는 바위를 옮길 힘을 가지게 된 것입니다.

우리는 바위를 치워달라고 기도합니다. "하나님, 이 바위 때문에 너무 힘들어요. 치워주세요." 하나님은 바위를 치워주시기도 하시지만, 우리를 강하게 만들어 바위를 스스로 옮기게 하시기도 합니다. 권능을 받으면 인생의 모든 문제를 해결할 수 있습니다. 내게 능력 주시는 하나님 안에서 모든 것을 할 수 있습니다. 사람들은 죽음을 두려워합니다. 하지만 하나님의 은혜가 임하면 죽음도 두렵지 않습니다. 오히려 예수님을 위해 순교할 수도 있습니다. 먹고사는 문제에 매달려 근심하고 전전긍긍하고 있지 않습니까? 거기에 붙잡혀 종처럼 살고 있습니까? 하나님의 은혜를 받으면 더 이상 먹고사는 문제에 붙잡혀 종처럼 살지 않습니다. 그 문제에서 자유롭게 됩니다. 이에 대해 바울 사도는 로마서 14장 8절에서 자신의 믿음을 고백합니다.

> "우리가 살아도 주를 위하여 살고 죽어도 주를 위하여 죽나니 그러므로 사나 죽으나 우리가 주의 것이로다"

이전에는 먹고살려고만 했었는데, 이제는 살아도 주를 위해 살고, 죽어도 주를 위해 죽습니다. 살아도 죽어도 상관없이 내가 주님 안에 있다는 것만으로 만족하다는 뜻입니다. 하늘의 능력을 받은 사람은 삶의 굴레에서 자유하게 됩니다. 어둡기만 했던 세상이 이제는 밝게 보입니다. 걱정과 근심으로 가득 찬 세상이 아니라 평안과 자유함이 가득한 세상입니다. 하나님의 은혜를 입은 사람, 하나님의 능력을 입은 사람은 노래할 수밖에 없습니다.

참 아름다워라. 주님의 세계는 저 솔로몬의 옷보다 더 고운 백합화
주 찬송하는 듯 저 맑은 새소리 내 아버지의 지으신 그 솜씨 깊도다.
참 아름다워라. 주님의 세계는 저 아침 해와 저녁 노을 밤하늘 빛난 별
망망한 바다와 늘 푸른 봉우리 다 주 하나님 영광을 잘 드러내도다.
참 아름다워라. 주님의 세계는 저 산에 부는 바람과 잔잔한 시냇물
그 소리 가운데 주 음성 들리니 주 하나님의 큰 뜻을 내 알듯 하도다.
(새찬송가 478장, 참 아름다워라)

생명이 움트는 곳

미국 캘리포니아 주의 데스밸리(Death Valley)를 간 적이 있습니다. 말 그대로 죽음의 계곡입니다. 마치 달의 표면처럼 사람의 흔적이라고는 찾아볼 수 없지만, 소름 끼치도록 아름다운 곳입니다. 데스밸리는 사막의 대부분이 해수면보다 낮아서 여름이면 섭씨 57도까지 기온이 올라가 무척 덥습니다. 금광을 찾던 사람들이 이곳의 혹독한 더위 때문에 대부분 죽음을 당했다는 데서 '죽음의 골짜기'라고 지명이 붙여졌습니다. 그러나 이곳에도 봄은 옵니다. 데스밸리를 방문하던 중 눈을 사로잡는 풍경을 보았습니다. 산에는 눈이 많이 쌓여 있지만, 길섶에는 언 땅을 뚫고 싹이 조금씩 올라오고 있었습니다. 봄바람이 부니 죽음의 계곡에도 생명이 움트는 것입니다.

봄이 오면 얼어붙은 땅에서 생명이 올라옵니다. 봄이 오면 죽음의 계곡에도 생명이 올라오는 것처럼 우리 인생에 봄이 오면 생명이 움트게 됩니다. 그리고 푸른 계절을 맞이하게 됩니다. 계절은 시간이 지나면 자연스럽게 찾아옵니다. 기다리지 않아도, 잊어도, 관심이 없어도 때가 되면 찾아옵니다. 그런데 인생의 봄은 다릅니다. 우리가 받아들여야만 옵니다. 예수님께서 우리를 위해 십자가에서 죽으시고 부활하셨다는 것을 마음으로 믿고 입으로 시인해야 봄이 옵니다. 예수님이 다 이루셨다는 것을 믿어야 인생의 봄을 맞이할 수 있습니다. 누구든지 예수 그리스도를, 인생의 봄인 예수님을 구주로 맞이하면 고목 같은 인생에도 잎이 나며 꽃이 핍니다. 푸른 아름다운 계절이 찾아옵니다. 우리 삶에 꽃이 피고 열매 맺기 시작합니다.

인생의 모든 문제의 답은 예수 그리스도입니다. 삶의 문제로 힘들고 외로우며 답답할 때는 온전한 해답이신 예수님을 영접해야 합니다. 우리 인생의 봄인 예수 그리스도를 구주로 영접하면 모든 문제를 이겨낼 수 있습니다. 그렇기에 우리는 우리 자신을 은혜의 자리로 복된 자리로 날마다 나아가야 합니다. 이것이 우리가 해야 할 일입니다. 아는 것으로 되지 않습니다. 인생의 봄인 예수님을 안다고 봄이 오지 않습니다. 그분을 영접해야 합니다. 행동으로 나아가야 합니다.

성경을 보면 복 있는 사람은 악인의 꾀를 따르지 않고 죄인의 길에 서지도, 오만한 자의 자리에 앉지도 않는다고 합니다. 세상에는 재미있고 호기심을 자극할 만한 것이 많습니다. 하지만 그곳이 아닌 은혜의 자리에 서는 것입니다. 눈에 그럴듯해 보이고 멋있게 보이는 길에 자신을 두는 것이 아니라, 하나님의 부르심 앞에 나아가야 합니다. 그럴 때 하나님의 은혜와 능력을 경험하게 됩니다. 사도행전 1장 13절에는 예수님이 승천하신 후 다락방에 모인 제자들의 이야기가 기록되어 있습니다.

> "들어가 그들이 유하는 다락방으로 올라가니 베드로, 요한, 야고보, 안드레와 빌립, 도마와 바돌로매, 마태와 및 알패오의 아들 야고보, 셀롯인 시몬, 야고보의 아들 유다가 다 거기 있어"

예수님의 제자는 모두 열두 명인데 열한 명의 이름만 기록되어 있습니다. 가룟 유다는 이 자리에 없습니다. 복음서를 읽다 보면 예수님의 제자들을 기록할 때, 베드로, 요한, 야고보를 시작으로 항상 마지막에는 가룟 유다를 기록합니다. 그런데 사도행전 1장 13절에는 가룟 유다의 이름이 없습니다. 누가 뺀 것이 아니라 스스로 빠진 것입니다. 성경은 이에 대해 '제 길로, 자기 길로 갔다.'고 말합니다. 영광스러운 은혜의 자리, 그 복된 자리에서 스스로 이름을 뺀 것입니다. 자기 길로 간 가룟 유다의 결말은 끔찍합니다.

자신을 정말로 아끼고 사랑한다면 은혜의 자리에 있어야 합니다. 우리의 걸음이 예배의 자리, 기도의 자리로 나아가야 합니다.

사도행전에는 예수님의 제자들과 예수님의 어머니 마리아와 형제들, 그리고 여자들이 함께 모였다고 합니다(행 1:14). 그들은 함께 모여 마음을 같이하여 기도하는 일에 힘썼습니다. 혼자 기도할 수 있지만, 함께 모여 기도했습니다. 그리고 함께 기도하는 그곳에서 역사가 일어났습니다. 혼자는 작은 불씨지만, 함께 모이면 큰 불길이 됩니다. 하나님은 그 모임 가운데 은혜를 부으셨습니다(마 18:19).

> "진실로 다시 너희에게 이르노니 너희 중의 두 사람이 땅에서 합심하여 무엇이든지 구하면 하늘에 계신 내 아버지께서 그들을 위하여 이루게 하시리라"

두세 사람이 모여 마음을 합하여 기도할 때, 하나님은 그 기도를 들으시고 응답하십니다. 무엇을 구하든지 하늘에 계신 우리 아버지께서 들으시고 이루게 하신다고 말씀하십니다. 합심하여 기도하는 그 자리에 주님이 계시기 때문입니다(마 18:20).

> "두 세 사람이 내 이름으로 모인 곳에는 나도 그들 중에 있느니라"

은혜의 자리에 머무십시오. 은혜의 대열에서 빠지지 마십시오. 더욱 힘쓰고 애써서 은혜의 자리를 지키십시오. 그럴 때 하나님의 은혜가 부어집니다. 우리 삶의 모든 문제를 해결할 하늘의 능력을 주십니다. 행동하지 않으면 발전이 없습니다. 언제나 그 수준에 멈추어 있습니다. 근심의 자리에 앉아서 걱정만 하지 말고, 불안에 전전긍긍하지 말고, 하나님이 베푸시는 은혜의 자리로 나아가는 행동을 취하십시오. 하나님께 가까이 갈 때 인생의 봄이 찾아옵니다.

9장
용기, 두렵지만 담대히 나아가라

여호수아 1:6-7

6 강하고 담대하라 너는 내가 그들의 조상에게 맹세하여 그들에게 주리라 한 땅을 이 백성에게 차지하게 하리라 7 오직 강하고 극히 담대하여 나의 종 모세가 네게 명령한 그 율법을 다 지켜 행하고 우로나 좌로나 치우치지 말라 그리하면 어디로 가든지 형통하리니

여호수아 3:14-17

14 백성이 요단을 건너려고 자기들의 장막을 떠날 때에 제사장들은 언약궤를 메고 백성 앞에서 나아가니라 15 요단이 곡식 거두는 시기에는 항상 언덕에 넘치더라 궤를 멘 자들이 요단에 이르며 궤를 멘 제사장들의 발이 물가에 잠기자 16 곧 위에서부터 흘러내리던 물이 그쳐서 사르단에 가까운 매우 멀리 있는 아담 성읍 변두리에 일어나 한 곳에 쌓이고 아라바의 바다 염해로 향하여 흘러가는 물은 온전히 끊어지매 백성이 여리고 앞으로 바로 건널새 17 여호와의 언약궤를 멘 제사장들은 요단 가운데 마른 땅에 굳게 섰고 그 모든 백성이 요단을 건너기를 마칠 때까지 모든 이스라엘은 그 마른 땅으로 건너갔더라

두려움을 이겨내고 나아가는 힘

운전면허를 따고 처음 도로를 주행하면 무척 떨리고 무섭습니다. 이들에게 필요한 것은 용기입니다. 운전 기술도 중요하지만, 도로로 나가는 용기가 필요합니다. 용기는 두려움을 이기고 자신이 하고 싶거나 옳다고 여긴 일을 실천하는 힘을 의미합니다. 목표를 향해 갈 수 있는 에너지는 용기에서 나옵니다. 용기가 있다고 두려움이 없는 것은 아니나, 그 두려움조차 이겨내고 나아가게 하는 것이 용기입니다.

새로운 일을 시작할 때 무엇보다 마음가짐이 중요합니다. '나에게 새로운 기회가 생겼구나.'라고 생각하면 마음이 설렙니다. 새 일은 새로운 기회와 출발선을 의미합니다. 그런데 시작하기도 전에 '나는 안 돼. 그 이야기는 나와 상관없어. 나는 못 해.'라며 물러서는 사람들도 있습니다. 그들에게 힘이나 재주가 없어서 그럴까요? 아닙니다. 용기가 없는 사람은 해보지도 않고 걱정부터 합니다. 걱정과 염려, 두려움에 사로잡혀 요지부동, 앞으로 나가려고 하지 않습니다. 우리 안에 가능성이 있는데도 그 가능성의 날개를 펼치지 않습니다. 그래서 예수님은 마가복음 9장 23절에서 이렇게 말씀하십니다.

> "예수께서 이르시되 할 수 있거든이 무슨 말이냐 믿는 자에게는 능히 하지 못할 일이 없느니라 하시니"

하나님은 우리에게 능력을 주셨습니다. 그런데 예수님의 말씀을 믿지 않고 '할 수 없어. 나는 못 해.'하며 주저앉는 것은 하나님이 우리에게 주신 기회와 달란트를 낭비하는 것과 같습니다. 주님이 주신 것을 사용하지 않고 염려와 걱정으로 삶을 허비합니다. 주님은 할 수 있거든이 무슨 말이냐며 자신을 믿으면 능히 모든 일을 할 수 있다고 하십니다. 그러니 조바심 내며 전전긍긍할 게 아니라 그 말씀을 믿고 따라야 합니다.

초등학생 때, 소풍을 가면 꼭 보물찾기를 했습니다. 학생들이 도시락으로 싸온 김밥을 먹는 동안 선생님들은 숲속에 들어가 돌 틈이나 바위 밑, 나뭇가지 사이에 종이쪽지를 숨겨놓습니다. 그리고 학생들을 모아 "얘들아, 이쪽에서부터 저쪽까지 보물을 숨겨 뒀으니 지금부터 찾으면 돼. 시작!"하며 외칩니다. 이제 아이들의 눈에는 바위와 나무가 이전과는 다르게 보입니다. 보물이 숨겨져 있기 때문입니다. 지금까지 흔하게 보았던 돌과 바위, 나무가 아닙니다. 보물을 감추고 있기에 돌 하나, 바위 하나, 나무 한 그루가 특별하게 보입니다. 우리 인생이 보물찾기입니다.

이스라엘 백성이 보물찾기를 하고 있습니다. 하나님께서 이스라엘 백성에게 가나안이라는 땅을 정해 놓고 "얘들아 가나안으로 가거라. 내가 그곳에 은혜를 숨겨두었어."라고 말씀하십니다. 이스라엘 백성이 숨겨진 은혜의 보물을 찾기 위해 용기를 냅니다. 여호수아 1장 6절이 이를 설명합니다.

> "강하고 담대하라 너는 내가 그들의 조상에게 맹세하여 그들에게 주리라 한 땅을 이 백성에게 차지하게 하리라"

"강하고 담대하라" 이스라엘 백성을 애굽에서 이끌고 나온 모세가 죽고 여호수아가 다음 지도자가 됩니다. 하나님은 여호수아를 향해 "강하고 담대하라"고 말씀하십니다. 이 명령은 운동으로 힘을 키우라는 의미가 아닙니다. 근육과 체력을 키워 가나안의 이방인과 싸우라는 것도 아닙니다. 마음의 걱정과 근심을 버리고 용기를 내라는 말씀입니다. 하나님은 재차 여호수아에게 말씀하십니다(수 1:7).

> "오직 강하고 극히 담대하여 나의 종 모세가 네게 명령

한 그 율법을 다 지켜 행하고 우로나 좌로나 치우치지 말라 그리하면 어디로 가든지 형통하리니"

하나님은 두려움에 떨고 있는 여호수아에게 힘을 내고 용기를 가지라고 북돋아 주십니다. 스토아학파의 철학자인 세네카는 "사람은 자신의 운명을 스스로 만든다."라고 말했습니다. '운명'을 사람이 어쩌지 못하는 외부적인 힘으로 규정하면, 그 운명을 사람이 만든다는 세네카의 말은 틀린 말이 됩니다. 하지만 세네카는 분명 운명은 사람 스스로가 만든다고 보았습니다. 약한 마음, 게으른 태도, 성급한 버릇이 인간의 운명을 만듭니다. 사람들은 우리의 목숨과 처지가 이미 정해져 있어서 어쩔 수 없다고 생각합니다. 그래서 바꿀 수 없다고 주장합니다. 하지만 용기 있는 사람에게 운명은 한없이 터무니없고 약한 이론일 뿐입니다. 그러나 용기 없는 사람에게는 반대로 한없이 강합니다. 용기 내지 않고 주저하는 사람 앞에 운명이 버티고 나아가지 못하게 합니다. 그러니 지레 겁먹지 말고 하나님께서 여호수아에게 주신 말씀처럼 마음을 강하게 하고 담대하게 하여 터무니없는 운명론자의 이론에서 벗어나야 합니다.

'용기'는 영어로 'Courage'와 'Bravery' 두 단어로 표현됩니다. Courage의 뜻을 사전에서 찾아보면 두렵고 떨림에도 행동하는 마음을 뜻합니다. 반면에 Bravery는 두려움이 없는 것으로, 겁 없이 대담하게 행동하는 것을 표현합니다. 쉽게 말해 간이 큰 사람입니다. Bravery를 가진 사람은 겁을 상실한 사람입니다. 그런데 하나님이 여호수아와 우리에게 말하는 용기는 겁을 상실한 상태를 말하는 것이 아니라, 두렵고 떨리지만 그럼에도 용기를 내라는 말입니다.

문요한 정신과 의사가 쓴 『나는 왜 나를 함부로 대할까』라는 책은 용기에 대해 잘 설명합니다. 초등학생인 아이가 지각으로 선생님께 혼이 납니다. 그래서 벌도 받고 꾸중도 듣습니다. 그런데 아이는 또 지각합니다. 선생님의 꾸중과 체벌을 전혀 개의치 않습니다. 이 아이는 용기가 아닌 간이 커서 꾸중 받는 것을 아무렇지 않게 여기는 아이입니다. 진정한 용기는 힘 있는 아이가 힘 없는 아이를 괴롭힐 때, 이를 제지하며 나타납니다. 말리다가 오히려 자신이 난처해지거나 어려움을 겪을지도 모르지만, 용기 내어 친구를 보호합니다. 이것이 진짜 용기입니다.

성경에는 두려워하지 말라는 말씀이 많이 나옵니다. 겁을 상실한 상태가 아니라 힘겨운 상황에도 용기를 내고 힘을 내어 앞으로 나아가라는 의미입니다. 용기를 가지고 나가면 운명은 길을 비켜줍니다. 안 될 것 같은데 용기 내서 나가면 길이 열립니다. 이 용기는 자신을 뛰어넘는 행위입니다. 다른 사람을 뛰어넘고 앞지르라는 말이 아니라 자기에게 허용하지 못했던 그 무엇을 떨쳐내라는 말입니다. 그런 점에서 우리가 용기 내지 못하도록 막는 가장 강력한 적은 바로 자기 자신입니다. 이제 여호수아는 이스라엘 백성을 이끌고 가나안 땅을 향해 발을 내디뎌야 합니다. 여호수아 3장 13절에는 이 걸음을 이미 하나님께서 모두 준비해 두었다고 하십니다.

"온 땅의 주 여호와의 궤를 멘 제사장들의 발바닥이 요단 물을 밟고 멈추면 요단 물 곧 위에서부터 흘러내리던 물이 끊어지고 한 곳에 쌓여 서리라"

이스라엘 백성은 요단강 앞에 있습니다. 하나님은 제사장들이 궤를 메고 요단강에 들어가면 흘러내리던 물이 끊어져 한 곳에 쌓여 서게 된다고 하십니다. 그러니 용기 내서 나아가라고 명령하십니다. 이스라엘 백성은 하나님이 준비하신 것을 알았지만 눈앞에 거세게 흐르는 요단강을 보고 있자니 겁이 납니다. 보이지 않는 하나님 말씀보다 눈앞에 보이는 요단강의 물길이 더 강해 보입니다. 이스라엘 백성은 요단강 앞에서 잔뜩 겁을 먹었습니다(수 3:15).

"요단이 곡식 거두는 시기에는 항상 언덕에 넘치더라"

요단강은 평소에는 수위가 낮은데 추수 때가 되면 물이 언덕까지 흘러넘쳤습니다. 그런데 하나님께서 그 깊은 물 속으로 들어가라고 하십니다. 발을 내디디면 물이 끊어지고, 한 곳으로 쌓인다니 상식에 맞지 않은 이야기입니다. 매우 비과학적이고 비합리적인 이야기입니다. 물은 높은 곳에서 아래로 흐릅니다. 상식과 경험을 총동원해도 이해하기 어려운 하나님의 말씀 앞에 여호수아와 이스라엘 백성은 선뜻 나아가지 못하고 두려워하며 떨고 있는 것입니다.

하나님이 부르신 자

여호수아는 모세를 이은 지도자입니다. 모세는 애굽에서 400년 동안 종살이하던 이스라엘 백성을 이끌어 낸 지도자입니다. 애굽에서 나올 때 놀라운 기적을 보여주었으며, 광야 40년 동안 하나님의 말씀을 전달하고 지도했던 위대한 인물입니다. 여호수아는 모세의 수종자였습니다. 모세를 따르며 그의 곁에서 시중을 들던 사람이었습니다. 그래서 모세가 죽고 이스라엘의 새로운 지도자로 세움받았음에도 여전히 자신을 '모세의 수종자'라는 인식으로 가둔 것입니다. 여호수아는 '나는 모세 같지 않아.' '모세처럼 할 수 없어.'라는 열등의식에 사로잡혀 있습니다. 이것은 겸손이 아니고 열등감입니다. 그래서 하나님은 여호수아에게 '너와 함께하겠다.'라고 강조하신 것입니다(수 1:5).

> "네 평생에 너를 능히 대적할 자가 없으리니 내가 모세와 함께 있었던 것 같이 너와 함께 있을 것임이니라 내가 너를 떠나지 아니하며 버리지 아니하리니"

자기를 넘어서지 못하는 사람은 용기 있게 나아가지 못합니다. 자신의 상식과 경험에 맞지 않다고 생각하며 비관적인 생각을 품습니다. 열등의식에 사로잡혀 저 너머를 못 봅니다.

데이비드 시버리(David Seabury)의 『어제까지의 나, 오늘부터의 나』라는 책에는 자신을 넘어서는 이야기가 있습니다. 10대의 소녀가 선물상점에서 액자를 삽니다.

"이 액자 예쁘죠? 여기에 사랑하는 사람의 사진을 넣어두고 자주 사랑한다고 말해주세요."

주인의 말에 소녀는 남자친구의 사진을 액자에 넣습니다. 얼마 지나지 않아 남자친구가 아닌 가족사진을 액자에 넣습니다. 이마저도 시간이 지나자 마음이 시들해져 사진이 아닌 거울을 넣습니다. 그리고 이렇게 생각합니다. '항상 남에게만 신경을 써왔지 정작 나에게는 관심이 없었어. 이제 나한테 사랑한다고 말할 거야.' 이제 소녀는 액자를 볼 때마다 자기 모습을 보며 사랑한다고 말합니다.

"거울 속 나에게 계속 사랑한다고 말하자 어느 순간 나는 가장 고귀한 사람이 되어 있었어요."

다른 사람을 신경 쓰고, 사랑받고 인정받고 싶어서 눈치만 보았는데 거울 속 자신을 보며 사랑한다고 말했더니, 어느새 소중한 존재로 바뀐 자신을 보게 되었다고 말합니다.

키에르케고르도 우리에게 묻습니다.

"당신은 당신 자신을 얼마나 사랑하고 자랑스러워하나요?"

우리는 자신이 얼마나 사랑스럽고 자랑스러운지에 대해 생각하고 말하는 것을 부끄러워합니다. 자기를 자랑스럽게 여기는 것은 교만한 모습이라 생각합니다. 뿐만 아니라 다른 사람과 자신을 비교하며 '나는 왜 이럴까?' 자기를 미워하고 비하하기도 합니다. 하나님의 온전한 사랑을 받는 존재임에도 자기를 미워하고 싫어하는 것입니다. 자신을 먼저 귀하게 여기고 자랑스러워할 때, 남을 사랑할 수 있습니다. 자신이 소중한 사람이라고 믿으십시오. 핸드폰 배경화면에 자기 사진을 넣고 사랑한다고 말하십시오. 우리는 하나님의 사랑을 받는 존재입니다. 하나님이 우리를 얼마나 사랑하는지 로마서 5장 8절에 기록되어 있습니다.

> "우리가 아직 죄인 되었을 때에 그리스도께서 우리를 위하여 죽으심으로 하나님께서 우리에 대한 자기의 사랑을 확증하셨느니라"

하나님은 우리가 아직 죄인이었을 때, 아들을 우리에게 보내주셨습니다. 그리고 독생자를 십자가에 못 박으셨습니다. 하나님은 아들을 보내심으로, 예수님은 우리를 위해 십자가에 죽으심으로 우리를 향한 하나님의 사랑을 확증해주셨습니다. 독생자인 아들의 죽음은 우리를 얼마나 사랑하시는지에 대한 하나님 사랑의 증거입니다. 하나님은 우리를 향해, "너는 소중하고 귀한 사람인데 왜 너 자신을 학대하느냐?"라고 물으십니다. 하나님이 우리를 얼마나 사랑하시는지를 알면 우리 자신을 뛰어넘을 수 있고, 열등의식에서 벗어날 수 있습니다. 이런 찬양도 있습니다.

너의 하나님 여호와가 너의 가운데에 계시니
그는 구원을 베푸실 전능자이시라.
그가 너로 말미암아 기쁨을 이기지 못하시며
너를 잠잠히 사랑하시며 너로 말미암아
즐거이 부르며 기뻐 기뻐하시리라.

하나님이 우리를 얼마나 사랑하시는지를 믿으십시오. 그래야 용기가 생깁니다. 지금 여호수아는 하나님께서 모세에게 했던 것처럼 함께하겠다고 말씀하시는데도 쫓기는 마음을 갖습니다. 모세와 비교하며 열등의식으로 자신을 비하합니다. 하나님은 모세보다 부족한 자신에게 상식에도 맞지 않고 경험도 해보지 않은 일을 하라고 하십니다. 그러니 겁이 나고 두려운 것입니다. 용기 나지 않을 때는 하나님을 대면해야 합니다(출 33:11).

"사람이 자기의 친구와 이야기함 같이 여호와께서는 모세와 대면하여 말씀하시며 모세는 진으로 돌아오나 눈의 아들 젊은 수종자 여호수아는 회막을 떠나지 아니하니라"

모세는 하나님과 친구처럼 이야기했습니다. 아마도 여호수아는 모세와 하나님의 교제를 회막 밖에서 들었을 것입니다. 회막 밖에선 여호수아는 언젠가 자신도 모세처럼 하나님을 만나고 싶은 꿈을 꿨을 것입니다. 하나님과 대화를 마친 모세는 진으로 돌아갔지만, 여호수아는 회막을 떠나지 않았다고 성경은 기록하고 있습니다. 회막 가까이에서 멈춰 기다리고 있었습니다. 이에 대한 해석이 다양하겠지만 여호수아는 하나님을 사모한 것으로 보입니다. '주님, 나도 모세처럼 주님을 대면하고 싶어요.' 여호수아는 하나님을 사모한 사람이었고 기도의 사람이었습니다. 그러니 때가 되어 하나님께서 여호수아를 모세의 후임으로 세운 것입니다.

시편 34장 4절에는 "내가 여호와께 간구하매 내게 응답하시고 내 모든 두려움에서 나를 건지셨도다"라는 다윗의 고백이 나옵니다. 다윗이 사울을 피해 블레셋으로 망명합니다. 하지만 그곳에서도 신변의 위협을 느낍니다. 이 시는 다윗이 아비멜렉 앞에서 미친 척하며 유대 광야로 탈출하여 쓴 시입니다. 다윗은 힘겹고 절망적인 상황에서 자신을 건지실 분이 하나님이라고 고백합니다. 다윗은 하나님 앞에 더욱더 기도할 수밖에 없다고 말합니다. 모든 두려움에서 건지실 분이 주님밖에 없기에 더욱 힘써 기도하는 것입니다.

"용기는 기도하는 두려움이다."라는 말이 있습니다. 두려우니 기도하고, 기도하니 두렵다는 말입니다. 그런데 기도하니 점차 두려움이 사라지고 용기가 생깁니다. 사실 우리가 기도의 깊은 곳으로 들어가도 우리 앞에 닥친 문제는 그대로입니다. 하지만 큰 변화가 우리에게 나타납니다. 그 문제와 맞서 싸울 용기와 힘이 생기는 것입니다. 두려우면 기도하십시오. 용기가 나지 않거든 주님의 이름을 부르십시오. 모든 두려움에서 건지시는 하나님이 우리 아버지 되십니다. 하나님의 이름을 부를 때 하나님은 우리에게 두려움에서 벗어나는 용기를 주십니다.

용기로 일어서라

용기에서 머무르지 말고 한 단계 더 나아가야 합니다. 용기는 행동하도록 격려합니다. 우리는 흔히 용기의 반대말을 '낙심'이라고 생각합니다. 단어 자체로는 맞습니다. 하지만 문법적으로나 의미적으로 보면 용기의 반대말은 '주저앉음'입니다. 용기가 없으면 그냥 주저앉아서 소리만 지릅니다. 소리를 지른다는 것은 겁이 났다는 뜻입니다. 실제보다 자신이 더 크고 힘이 세다는 것을 보여주는 방어기제입니다. 어떤 사람은 두려움 때문에 술을 마십니다. 술을 마시면 겁을 상실합니다. 그러나 술이 깨면 또다시 두려움 속에 침몰합니다. 어떤 사람은 두려움을 그저 피하려고만 합니다. 정면 돌파하지 않고 피하는 방법을 찾습니다. 그러면 지금 당장은 문제에서 벗어날 수 있지만, 언젠가는 맞닥뜨리고 결정을 내려야 합니다. 오히려 그때에는 작은 문제가 큰 문제로 변했을 것입니다. 어찌어찌 결단하는 사람도 있습니다. 하지만 이는 용기가 아니라 떠밀려서 어쩔 수 없이 하는 선택입니다. 두렵지만 담대히 나가는 것이 용기입니다. 마음속에 두려움이 있지만, 주님을 믿음으로 담대히 나아갑니다.

우리가 전진하여 요단강을 밟으면, 범람할 듯 가득 찬 요단강의 물이 그치고 한쪽으로 쌓이는 놀라운 일이 벌어집니다. 하지만 나가지 않으면 강물은 계속 유유히 흘러갑니다. 오히려 범람하여 우리를 덮칩니다. 용기 내십시오. 용기를 내면 길이 열립니다.

드디어 이스라엘 백성이 용기를 내어 물로 나아갑니다(수 3:14).

"백성이 요단을 건너려고 자기들의 장막을 떠날 때에 제사장들은 언약궤를 메고 백성 앞에서 나아가니라"

백성이 장막을 떠나고 제사장들도 언약궤를 메고 강을 향해 걸어갑니다. 요단강에 가자마자 물이 멈추고 강이 열리면 얼마나 좋겠습니까? 용기 내서 이곳까지 온 이스라엘 백성을 응원하듯이 강이 갈라진다면 얼마나 좋을까요? 하지만 강물은 계속 흐릅니다. 물이 흘러넘치고 있습니다. 용기를 낸 제사장들이 물에 발을 내딛습니다. 그런데 요단강에 발을 내디뎠음에도 물은 갈라지지 않습니다. 더 들어가야 합니다. 물이 발목에 잠기니 그때야 물이 갈라집니다. 이스라엘 백성의 지도자이지만 제사장도 인간인데 왜 두렵지 않겠습니까? 물에 발을 내디뎠다가 멈추지 않는 물을 보며 '안 되는구나 도망가자, 피하자'라는 생각이 왜 들지 않았을까요? 그런데도 이들은 하나님을 믿고 용기를 내어 계속 물속으로 걸어 들어갔습니다. 그러자 요단강이 갈라진 것입니다.

우리도 이런 용기가 필요합니다. 하나님을 믿어도 예수님을 구주로 믿어도 연약한 인간이기에 겁이 납니다. 하지만 용기를 내어 말씀에 순종해서 물속으로 들어가면, 하나님이 그 물을 가르고 길을 만들어 주십니다(수 3:17). 두렵지만 나아가십시오.

> "여호와의 언약궤를 멘 제사장들은 요단 가운데 마른 땅에 굳게 섰고 그 모든 백성이 요단을 건너기를 마칠 때까지 모든 이스라엘은 그 마른 땅으로 건너갔더라"

가슴 뛰는 일이 벌어졌습니다. 제사장들이 요단강 가운데 서니 물이 갈라져 이스라엘 백성은 마른 땅을 건넜다고 합니다. 믿음의 용기를 가지고 물속으로 들어가니 마른 땅이 되는 역사를 경험합니다. 용기로 우리 앞에 유유히 흐르는 요단강을 내딛으십시오.

10장
일생에 한 번은
고수를 만나라

빌립보서
3:4-9

4 그러나 나도 육체를 신뢰할 만하며 만일 누구든지 다른 이가 육체를 신뢰할 것이 있는 줄로 생각하면 나는 더욱 그러하리니 5 나는 팔일 만에 할례를 받고 이스라엘 족속이요 베냐민 지파요 히브리인 중의 히브리인이요 율법으로는 바리새인이요 6 열심으로는 교회를 박해하고 율법의 의로는 흠이 없는 자라 7 그러나 무엇이든지 내게 유익하던 것을 내가 그리스도를 위하여 다 해로 여길뿐더러 8 또한 모든 것을 해로 여김은 내 주 그리스도 예수를 아는 지식이 가장 고상하기 때문이라 내가 그를 위하여 모든 것을 잃어버리고 배설물로 여김은 그리스도를 얻고 9 그 안에서 발견되려 함이니 내가 가진 의는 율법에서 난 것이 아니요 오직 그리스도를 믿음으로 말미암은 것이니 곧 믿음으로 하나님께로부터 난 의라

가능성의 씨앗

존 맥스웰(John C. Maxwell)이 자신의 책 『사람은 무엇으로 성장하는가』에서 다음과 같은 말을 했습니다. "사람은 무엇으로 성장할까? 사람의 마음속에는, 특별히 그리스도인들의 내면에는 성장의 씨앗이 있다." 예수님을 믿는 성도의 마음에는 성장 가능성의 씨앗이 있습니다. 여기서 중요한 것은 씨앗입니다. 씨앗은 물을 주며 가꾸고 돌보면 큰 나무가 됩니다. 그런데 사람들은 자기 안에 있는 이 가능성의 씨앗을 모르거나, 스스로 가능성이 있다고 믿지 않습니다. '내가 어떻게 그런 일을 할 수 있을까?'라고 생각합니다. 그러니 자기 인생을 방치하고 방임하는 것입니다.

삶을 관리하지 않고 방치하면 점점 황폐해지고 쓸모없게 됩니다. 아무리 멋지게 가꾼 정원이라도 돌보지 않으면 어느새 잡초가 무성해지고 쓸모없는 곳이 됩니다. 사람도 이와 같습니다. 자신의 인생에 관심을 가지고 잘 돌보면 성장하지만, 애정을 쏟지 않고 방치하면 점점 나빠지고 쓸모없는 인생이 되고 맙니다. 성경은 예수님을 믿는 성도의 마음속에 가능성이라는 씨앗이 존재한다고 말합니다. 가능성이 있기에 우리는 무엇이든지 할 수 있습니다(빌 4:13).

> "내게 능력 주시는 자 안에서 내가 모든 것을 할 수 있느니라"

이 말씀의 뜻은 '한계를 뛰어넘는다.'는 것입니다. 이것은 할 수 있고, 저것은 못 한다는 의미가 아닙니다. 전능하신 하나님을 믿는 믿음의 사람은 하나님 아버지로 말미암아 자녀의 특권을 누립니다. 자녀는 아버지의 권한 안에서 아버지의 모든 것을 누릴 수 있는 존재입니다. 그렇기에 전능하신 하나님 아버지로 말미암아 우리는 모든 것을 할 수 있습니다. 우리 아버지가 전능하신 하나님이시기에 우리를 가능성의 성취로 이끄십니다.

대학교수로 8년간 학생을 가르치다 교수직을 내려놓은 분이 있습니다. 그분은 학생을 가르치는 일이 자기 적성에 맞지 않고 자신의 꿈 역시 이곳이 아니라는 것을 깨닫고 남들이 부러워하는 대학교수직을 과감하게 내려놓습니다. 바로 한스 컨설팅의 한근태 대표입니다. 그는 『일생에 한 번은 고수를 만나라』라는 책에서 '한 기업의 최고의 수장인 CEO는 현대 무림의 고수'라고 이야기합니다.

CEO의 자리에 오르기까지, 고수의 자리를 두고 치열한 경쟁 속에서 긴 시간을 분투하며 그 자리에 올라섰다는 말입니다. 그래서 그들을 현대의 무림 고수라고 표현합니다. 한근태 대표는 "최고가 되려면 최고에게 배워야 한다. 고수가 되려면 고수에게 배워야 한다."라고 이어 말합니다.

아마추어에서 프로로, 하수에서 고수로 성장하는 방법이 있습니다. 바로 고수에게 배우는 것입니다. 그런데 우리는 그렇게 하지 않습니다. 자신이 조금 아는 것이 전부인 것처럼, 조금 된 것을 다 이룬 것처럼 생각하며 전문가를 인정하지 않습니다. 고수를 찾지 않기에 아마추어나 하수에 머뭅니다. 고수가 되고 싶다면 고수를 찾아야 합니다. 그러려면 겸손한 자세가 필요합니다. 그 방면에 전문지식이 있고 뛰어나다 할지라도 자신보다 훨씬 뛰어난 전문가가 있다는 것을 인정하고 그들을 찾아가 배워야 합니다.

잘 배우는 사람이 지혜로운 사람입니다. 탁월한 전문가들이 가지고 있는 경험을 빠르게 배울 수 있는 좋은 방법은 그들을 따라 하는 것입니다. 쉽게 말하면 카피(Copy)하는 것입니다. 우리가 어떤 프로그램을 복제(Copy)하면 문제가 되지만, 성공한 사람을 따라 하는 것은 문제가 되지 않습니다. 고수가 먼저 갔던 그 길을 따라가 보면, 그 방면의 가장 쉬운 길을 찾을 수 있습니다. 고수는 이미 수많은 시행착오를 거치고 그 자리에 올랐기에, 그 길을 따르는 것만으로도 시행착오를 피할 수 있습니다. 전문가를 만나보면 왜 자신이 성공하지 못하고 왜 두각을 나타내지 못했는지 이유를 알게 됩니다.

전문가와 자기 모습을 비교하면, 자신이 무엇이 부족한지 찾을 수 있습니다. 가장 큰 차이점은 우리가 진심으로 성공을 원하지 않았다는 것입니다. 이상한 대답처럼 들릴 것입니다. 성공을 원해서 전문가를 쫓아갔는데 성공을 원하지 않았다니요? 우리가 자기 일을 열심히 하지 않고 대충한 것이 그 증거입니다. 재미를 쫓아다니며, 사람들과 몰려다니면서 쓸데없는 일에 시간을 보내는 것이 확실한 증거입니다. 정말 자기 일에 성공하고 싶다면 열망을 품고 열심히 삽니다. 사람들은 성공하면 좋겠다는 막연한 소원만 있지 열망은 없습니다. 소원과 바람만 있을 뿐입니다. 열망을 품고 열심히 해야 고수의 자리에 오를 수 있습니다. 이것은 성공 지상주의를 말하는 것이 아니라 그보다 더 깊은 인생, 더 차원 높은 인생이 있다는 말입니다. 먹고사는 문제보다 더 멋진 인생이 있습니다. 더 깊고, 더 높고, 더 고상한 삶으로 나아가야 합니다.

성경은 우리에게 열심히 살라고 합니다. 열망을 품고 전진하라고 합니다. 신명기 6장 5절 말씀에 '너는 마음을 다하고 뜻을 다하고 힘을 다하여 네 하나님 여호와를 사랑하라'고 합니다. 하나님을 사랑할 때 마음을 다하고, 뜻을 다하고, 힘을 다해야 합니다. 이처럼 소망하는 일에도 마음과 뜻과 힘을 함께 쏟아야 합니다. 그 일을 소망한다고 말하면서 전력으로 힘을 쓰지 않고 다른 곳에 관심을 두면 안 됩니다. 자신이 가진 힘을 열망하는 일에 온전히 투자해야 합니다. 마음을 다하고 뜻을 다하고 힘을 다해 일하는 사람을 당할 사람은 아무도 없습니다.

사도 바울은 빌립보 교회 성도들에게 편지하며 자신을 소개합니다. 빌립보서 3장 6절에 자신을 '열심으로는 교회를 박해하고 율법의 의로는 흠이 없는 자'라고 말합니다. 교회를 핍박하는 것이 옳은 줄 알고 열심을 다 했다는 것입니다. 그는 율법을 열심히 배우고 율법대로 살아 율법에 흠이 없는 자였습니다. 사도 바울은 무엇이든 열심히 했습니다. 우리도 소원이 있는데 왜 사도 바울처럼 가슴 끓어오르는 열망을 갖지 못할까요? 자신에게 가능성이 있다는 사실을 모르거나, 자기를 너무 과소평가하기 때문입니다. '내가 뭘 그런 것을 할 수 있겠어? 우리 아버지처럼 나도 흙수저야. 개천에서 무슨 용이 나겠어?' 그러다 보니 열망이 없습니다.

주님으로 말미암아

"내게 능력 주시는 자 안에서 내가 모든 것을 할 수 있느니라"

사도 바울은 능력 주시는 분 안에서 모든 것을 할 수 있다는 믿음이 있었습니다(빌 4:13). 그런데 이를 믿지 못하는 사람은 성경은 성경일 뿐, 자기 삶과 무관하다고 생각합니다. 사도 바울은 중요한 관점을 알려줍니다. 우리가 하는 것이 아니라, 바로 우리에게 능력을 주시는 분이 하신다는 것입니다.

베드로가 그렇습니다. 베드로의 직업은 어부였습니다. 그는 고기를 잡아 생계를 이어갔습니다. 어느 날 밤새 그물을 내렸지만 한 마리의 물고기도 잡지 못합니다. 아침이 되어 빈 그물을 씻던 베드로에게 예수님이 찾아오십니다. 허탈하게 그물을 씻고 있던 베드로에게 오셔서 "시몬아, 깊은 데로 가서 그물을 내려라."라고 하십니다. 베드로는 피곤했지만 예수님이 하시는 말씀을 듣고 깊은 곳으로 가 그물을 내립니다. 그리고 엄청나게 많은 물고기가 그물에 딸려 올라옵니다. 혼자 그물을 당길 수도 없어서 친구에게 도와달라고 합니다. 베드로의 배를 가득 채우고도 남아 친구의 배까지 가득 찹니다. 그런데 베드로의 태도가 이상합니다. 두 배에 가득 찬 물고기를 보며 베드로는 환호를 외치지 않습니다(눅 5:8).

> "시몬 베드로가 이를 보고 예수의 무릎 아래에 엎드려
> 이르되 주여 나를 떠나소서 나는 죄인이로소이다 하니"

베드로는 물고기로 가득 찬 배를 보고 예수님의 무릎 아래 엎드립니다. 그리고 떨리는 목소리로 "주여, 나를 떠나소서. 나는 죄인이로소이다."라고 말합니다. 지금까지 먹고사는 문제, 어떻게든 물고기를 많이 잡아서 잘 사는 것에 집중했지만, 예수님을 만나고 나니 훨씬 더 높은 차원의 인생이 있다는 것을 알게 된 것입니다. 그래서 예수님 앞에 무릎을 꿇고 '주여, 나를 떠나소서. 나는 죄인입

니다.'라고 고백한 것입니다. 이렇게 베드로는 새로운 인생을 출발합니다. 먹고사는 문제를 넘어서 더 차원 높은 인생으로 출발한 것입니다.

바울도 그랬습니다. 사실 바울은 가문과 학벌이 좋은 사람이었습니다. 그뿐만이 아닙니다. 빌립보서 3장에는 자신을 7가지로 구체적으로 자랑합니다. 그는 태어난 지 8일 만에 할례를 받았습니다. 8일 만에 할례받았다는 것은 아브라함의 직계 후손이라는 뜻입니다. 이방인은 유대인으로 개종해도 바울처럼 바로 할례를 받지 못합니다. 그들은 13세가 되어야 할례를 받을 수 있습니다. 하지만 아브라함의 직계 자손은 8일 만에 할례를 받는 특권이 있습니다. 그리고 그는 이스라엘 족속입니다. 야곱이 얍복 강변에서 하나님과 씨름해서 얻은 이름이 이스라엘입니다. 이스라엘은 '하나님과 겨루어 이겼다.'라는 자랑스러운 이름입니다. 또 바울은 베냐민 지파라고 합니다. 야곱이 가장 사랑했던 라헬이 낳은 아들이 베냐민입니다. 또한 히브리인 중의 히브리인입니다. 모든 사람이 부러워하는 히브리인 중의 히브리인, 율법으로는 바리새인, 굉장한 열심 있는 사람이라는 것입니다. 그 열심이 교회를 박해하고 율법의 의로는 흠이 없는 자로 만들었습니다. 예수님을 믿는 성도로서는 박해는 잘못된 행동이지만, 그 시대 유대인들로서는 바울만큼 탁월하고 자랑스러운 사람은 없었을 것입니다. 당시의 모든 사람이 부러워할 만한, 요즘 말로 금수저 중의 금수저였습니다. 그런데 그 모든 것을 가진 바울이 예수님을 만납니다. 예수님을 만난 바울은 이전까지의 자랑이 모두 시시해 보입니다. '아, 이것들은 아무것도 아니구나.'라는 생각이 듭니다. 이전에 추구했던 것들이 아무런 의미가 없습니다. 오히려 인생의 새로운 목표가 생깁니다. 바울은 로마서 14장 8절에서 이렇게 말합니다.

> "우리가 살아도 주를 위하여 살고 죽어도 주를 위하여 죽나니 그러므로 사나 죽으나 우리가 주의 것이로다"

이전에는 먹고사는 문제, 성공하고 돈 버는 것을 자랑으로 삼고 열심히 살았는데, 예수님을 만나고 난 후 더이상 가치 없어졌습니다. 예수님이 너무 좋아서 "우리가 살아도 주를 위해 살고 죽어도 주를 위해 죽나니 그러므로 사나 죽으나 우리는 주의 것이로다."라고 고백합니다. 그리고 지금까지 추구했던 것을 버립니다(빌 3:7).

> "그러나 무엇이든지 내게 유익하던 것을 내가 그리스도를 위하여 다 해로 여길뿐더러"

지금까지 자신에게 유익하다고 생각했던 것들, 자랑했던 것 모두를 그리스도를 위하여 해로 여긴다고 말합니다. '아, 저것들은 이제 소용없어. 주님과 나 사이를 가로막는 장애물일 뿐이야.'라고 생각하는 것입니다. 그리고 이어서 해로 여기는 이유를 설명합니다(빌 3:8-9).

"또한 모든 것을 해로 여김은 내 주 그리스도 예수를 아는 지식이 가장 고상하기 때문이라 내가 그를 위하여 모든 것을 잃어버리고 배설물로 여김은 그리스도를 얻고 그 안에서 발견되려 함이니 내가 가진 의는 율법에서 난 것이 아니요 오직 그리스도를 믿음으로 말미암은 것이니 곧 믿음으로 하나님께로부터 난 의라"

바울은 주 예수 그리스도를 아는 지식이 가장 고상한 것을 깨달았습니다. 예수 그리스도만큼 참된 진리가 없습니다. 이는 비교 불가의 것입니다. 이제부터 바울은 예수님을 위하여 이전까지 자랑했던 것을 모두 버리고 배설물로 여깁니다. 오직 이를 통해 그리스도를 얻고 그 안에서 발견되기를 소망합니다. 여기서 '잃어버린다'라는 것은 도둑맞아서 없어진 것이 아닙니다. 스스로 버린 것입니다. '아무것도 아니었구나.' 하며 스스로 버린 것입니다. 이전에 추구했던 모든 것을 포기합니다.

신앙생활은 포기하는 것입니다. 주일 아침, 침대의 편안함을 포기했기에 교회에 올 수 있습니다. 주머니에 든 물질을 포기했기에 교회를 세우고 연약한 이를 도울 수 있습니다. 자기의 목소리를 낮춰야만 공동체를 이룰 수 있습니다. 신앙은 포기를 통해 성장하고 성숙합니다. 아브라함도 100세에 낳은 아들 이삭을 포기했습니다. 그로 인해 아브라함은 믿음의 조상이 됩니다. 우리도 비록 자녀를 포기할 만한 믿음은 없지만 우리가 좋아하는 것들을 조금씩 포기하는 훈련을 해야 합니다. 작은 것을 움켜쥐고 있다면 신앙이 어린 아이 수준밖에 되지 않습니다. 늘 흔들거리는 위태로운 수준입니다. 바울은 예수 그리스도를 알게 되면서 세상 사람들이 가장 좋다고 말하는 것들을 배설물로 여겼다고 고백했습니다. 바울은 예수님을 아는 지식, 예수님을 만나고 나니 그분이 너무 좋아서, 그분을 얻기 위해 나머지를 버릴 수 있다고 고백합니다. 비교할 수 없는 참된 지식, 참 하나님이신 예수님을 만났기 때문입니다.

100-1=0

주 안에 감추인 새 생명 얻으니
이전에 좋던 것 이제는 값없다.
하늘의 은혜와 평화를 맛보니
찬송과 기도로 주 함께 살리라.
영생을 누리며 주 안에 살리라.
오늘도 내일도 주 함께 살리라.
(새찬송가 436장, 나 이제 주님의 새 생명 얻은 몸)

예수 그리스도 그분을 만나니 이전에 좋았던 모든 것이 시시하게 보입니다. 그래서 그 주님과 오늘도 내일도 영원히 살 것이라고,

그 기쁨을 찬양하고 있습니다.

어느 신사가 배를 타고 강을 건너던 중 사공에게 묻습니다. "여보게 사공, 자네는 철학을 아는가?" 사공이 대답합니다. "아이고, 제가 무슨 철학을 알겠습니까?" 신사는 경멸의 시선으로 "그러면 문학을 아는가?" 다시 묻습니다. "제가 무슨 문학을 알겠습니까?" 라고 답하죠. 사공의 대답을 들은 신사는 혀를 끌끌 차며 그것도 모르니 이렇게 산다고 사공을 불쌍히 여깁니다. 그렇게 한참을 배를 타고 가는데 갑자기 물결이 거세지면서 배가 뒤집힙니다. 사공이 물에 뛰어들면서 신사에게 말합니다. "신사님, 헤엄칠 줄 아십니까?" 철학을 알고 문학을 알고 고상한 지식을 알아도 배가 뒤집힌 강에서 헤엄치지 못하면 그것은 아무 의미가 없습니다. 우리는 그 생명 되는 예수님을 아는 자들입니다.

예수 광고쟁이라고 불리는 정기섭 크리에이터의 말입니다.

"100-1=0"

'100-1'의 정답은 산술적으로는 99입니다. 그런데 그는 '0'이라고 합니다. 우리가 100가지 성공을 해도 Only One인, 예수님이 없으면 아무것도 아니라는 것입니다. 철학을 알고 문학을 알고 고상한 지식을 알아도 예수님을 모르면 아무것도 아는 것이 아닙니다. 이 세상에서 성공하면 좋은 일입니다. 하지만 성공하지 못해도 사실 이는 그렇게 중요한 일이 아닙니다. 무엇보다 우리 인생에 예수님을 만나는 것이 중요합니다. 예수님을 만나지 못하면 비참한 인생이 됩니다. 우리 일생 중에, 우리 삶의 여정 속에 가장 큰 복과 큰 은혜는 하나님의 아들 예수 그리스도를 만나 그분을 구주로 믿는 것입니다. 예수님을 믿게 된 것이 가장 큰 복입니다. 그래서 우리는 무엇이든지 할 수 있습니다.

세상 사람들은 문학을 알고, 철학을 아는 것이 삶의 중요한 목표라고 이야기합니다. 하지만 이는 생명과 무관합니다. 참된 목표는 예수 그리스도이어야 합니다. 그리고 이제 우리가 받은 복을 알려주어야 합니다. 그렇지 않으면 헛된 삶의 목표를 좇아가는 사람들이 결국 '100-1'뿐인 인생을 살게 됩니다. 예수님 없는 인생은 무의미합니다. 문학을 알고 철학을 알아도 인생의 바다에서 헤엄치지 못하면 죽습니다. 예수님이 없으면 영원한 형벌을 받습니다. 우리가 이처럼 복 받은 사람이라는 것이 시편 39장 6-7절에 기록되어 있습니다.

> "진실로 각 사람은 그림자 같이 다니고 헛된 일로 소란하며 재물을 쌓으나 누가 거둘는지 알지 못하나이다 주여 이제 내가 무엇을 바라리요 나의 소망은 주께 있나이다"

사람들은 성공에 목말라하고, 출세에 목말라하지만 정작 Only One 되신 예수님이 채워지지 않으면 영원한 갈급함으로 목마르게 됩니다. 예수를 만나면 이전에 좇았던 모든 것이 시시해집니다. 참된 고수이자 참된 전문가인 예수님을 아는 것보다 더 소중한 것은 없습니다. 더 고상한 지식도 없습니다. 참된 고수이신 예수님을 만나는 것이 인생의 가장 큰 복입니다.

11장
죽음, 그다음에 무엇이 있을까?

창세기 3:16-19

[16] 또 여자에게 이르시되 내가 네게 임신하는 고통을 크게 더하리니 네가 수고하고 자식을 낳을 것이며 너는 남편을 원하고 남편은 너를 다스릴 것이니라 하시고 [17] 아담에게 이르시되 네가 네 아내의 말을 듣고 내가 네게 먹지 말라 한 나무의 열매를 먹었은즉 땅은 너로 말미암아 저주를 받고 너는 네 평생에 수고하여야 그 소산을 먹으리라 [18] 땅이 네게 가시덤불과 엉겅퀴를 낼 것이라 네가 먹을 것은 밭의 채소인즉 [19] 네가 흙으로 돌아갈 때까지 얼굴에 땀을 흘려야 먹을 것을 먹으리니 네가 그것에서 취함을 입었음이라 너는 흙이니 흙으로 돌아갈 것이니라 하시니라

요한복음 5:24-29

[24] 내가 진실로 진실로 너희에게 이르노니 내 말을 듣고 또 나 보내신 이를 믿는 자는 영생을 얻었고 심판에 이르지 아니하나니 사망에서 생명으로 옮겼느니라 [25] 진실로 진실로 너희에게 이르노니 죽은 자들이 하나님의 아들의 음성을 들을 때가 오나니 곧 이 때라 듣는 자는 살아나리라 [26] 아버지께서 자기 속에 생명이 있음 같이 아들에게도 생명을 주어 그 속에 있게 하셨고 [27] 또 인자됨으로 말미암아 심판하는 권한을 주셨느니라 [28] 이를 놀랍게 여기지 말라 무덤 속에 있는 자가 다 그의 음성을 들을 때가 오나니 [29] 선한 일을 행한 자는 생명의 부활로, 악한 일을 행한 자는 심판의 부활로 나오리라

귀천

나 하늘로 돌아가리라.

새벽빛 와 닿으면 스러지는

이슬 더불어 손에 손을 잡고

나 하늘로 돌아가리라

노을빛 함께 단 둘이서.

기슭에서 놀다가 구름 손짓하면은

나 하늘로 돌아가리라.

아름다운 이 세상 소풍 끝내는 날

가서, 아름다웠다라고 말하리라.

천상병, 「귀천」

천상병 시인은 아름다운 이 세상 소풍 끝내는 날, 하늘로 돌아가겠다는 아름다운 시구를 노래합니다. 시인은 이 세상에서의 삶을 소풍이라고 표현합니다. 소풍을 마치면 집으로 돌아가야 합니다. 우리는 삶을 마치고 돌아갈 집이 있습니다. 바로 영원한 하나님 아버지 곁입니다. 아직 이 세상에 살고 있지만 언젠가 주님 품으로 갑니다. 세상은 언제, 무슨 일이 어떻게 일어날지 예측할 수 없는 불확실한 곳입니다. 모든 것이 불확실하지만 확실한 것 한 가지는 인생의 끝이 있다는 것입니다.

하루 일과를 마치면 사람들은 집으로 돌아갑니다. 제가 어릴 적에 살았던 시골은 밤이 되면 온 세상이 칠흑같이 깜깜했습니다. 들판에 일하던 농부들은 해가 서산에 뉘엿뉘엿 지며 어둠이 깔리면 하던 일을 마치고 집으로 돌아갑니다. 하루의 끝, 밤이 찾아 온 것입니다. 우리는 매일 이런 세상에서 살아갑니다. 밝은 낮이 아름다운 것은 캄캄한 밤이 있기 때문입니다. 어두운 밤이 있기에 낮이 아름답습니다. 우리 인생의 끝자락, 인생의 밤이 오기 때문에 오늘의 삶이 아름다운 것입니다. 지금 살아 있다는 자체가 가슴 뛰는 일입니다. 머지않아 밤이 오기 때문에, 지금 살아 숨 쉬는 낮이 아름답습니다. 언젠가 죽음의 때가 오기 때문에 오늘이 아름다운 것입니다.

'부활'은 다시 산다는 의미입니다. 부활은 죽음을 전제합니다. 죽음이 있어야 부활할 수 있습니다. 사람들의 영혼 깊은 곳에는 '나는 이 땅에서 언젠가는 죽을 텐데, 죽음 그다음에는 무엇이 있지?'라는 풀리지 않는 질문이 있습니다. 죽음 이후는 신비입니다.

목회자이자 선교사이며 구약 신학자인 토드 빌링스(J. Todd Billings)는 39세에 말기 암 선고를 받습니다. 그가 암 투병으로 화학 요법을 받으며 쓴 책이, 『죽음이 삶에게』라는 책입니다. 제목이 굉장히 의미 있습니다. 그는 사경을 헤매면서 이 책을 집필했습니다. 그는 언제 죽을지도 모르는 하루하루를 보내며 "하나님, 이 책을 끝낼 때까지 저를 살려주십시오." 간절히 기도하면서 이 책을 집필했다고 합니다. 다음은 이 책에 나오는 내용입니다.

IT 산업과 벤처기업의 요람인 미국 실리콘 밸리에 있는 한 연구재단에서 노화를 질병으로 규정하고, 이를 방지하고 예방하는 연구를 하고 있다고 합니다. 연구진들은 노화와 관련해 야심찬 목표를 세웠습니다. 인간의 신체 나이를 스무 살에서 스물다섯 살로 유지하는 것입니다. 연구재단의 수석 연구책임자인 오버리더 그레이는 사람의 신체 연령이 스무 살에서 스물다섯 살까지 무기한 오갈 수 있다고 보았습니다. 그는 이런 생각이 굉장히 합리적이라고 말하며, 자신과 동시대를 살아가는 사람 중에 천 년을 사는 사람도 있을 것이라고 보았습니다. 그런데 이들의 연구 목표는 사람이 천 살까지 오래 사는 것이 아니라, 자신이 원하는 만큼 오랫동안 젊음을 유지하면서 죽음을 피하는 것이라고 합니다. 이에 대해 토드 빌링스는 이 연구는 환상에 불과하다고 말합니다.

그는 환상인 이유를 두 가지로 설명합니다. 만약 그 연구가 성공했어도 그렇게 오래 살려면 부와 자원이 필요하다는 것입니다. 백 년 안팎으로 사는데도 자원이 모자라 서로의 것을 빼앗는 전쟁을 벌입니다. 그런데 천 살까지 산다면, 이 세상은 복잡하고 난리가 날 것입니다. 먹을 것이 고갈되고 자신이 조금이라도 더 많이 가지려고 싸울 것입니다. 두 번째 이유는 노화로 죽지 않아도 예기치 않은 사고로 죽고, 천재지변으로 죽고, 전쟁으로 죽을 수 있다는 것입니다. 그러니 말이 안 되는 이야기입니다. 옛날이나 지금이나 인간은 오래 살기 위한 수많은 시도를 합니다. 중국의 진시황제는 불로초를 구해 오래 살겠다고 열망했지만, 쉰이 되기도 전에 죽었습니다. 사람은 반드시 죽습니다. 히브리서 9장 27절은 이를 단언적으로 말합니다.

> "한 번 죽는 것은 사람에게 정해진 것이요 그 후에는 심판이 있으리니"

한 번 죽는 것은 사람에게 정해져 있습니다. 어떤 누구도 피할 수 없습니다. 많은 재물이 있고, 높은 명예를 가져도 죽음은 공평합니다. 그런데 죽음으로 끝나지 않고 그 후에는 심판이 있다고 성경은 이를 우리에게 명확하게 알려줍니다.

죽음의 이유

인간은 왜 죽을까요? 죽음에도 의미가 있을까요? 철학에서는 죽음이란 자신의 실존이 더 이상 존재할 수 없게 된 상태라고 합니다. 아주 관념적이고 추상적인 설명입니다. 우리라는 존재가 더 이상 '존재'할 수 없는 것이 죽음이라는 것입니다. 의학에서는 심장과 호흡이 멈추면 사망을 선고합니다. 영어로 'Expire'라고 합니다. 기한이 만료되어 더 이상 쓸 수 없다는 뜻입니다. 학문적인 정의 말고 우리가 체감하는 죽음은 무엇일까요? 한마디로 '이별'입니다. 우리는 죽음으로 사랑하는 사람과 헤어집니다. 애지중지 소중히 여기던 것들과도 헤어집니다. 죽음은 관계와 사물과 이별하는 것입니다. 디모데전서 6장 7절에서 이렇게 말합니다.

> "우리가 세상에 아무 것도 가지고 온 것이 없으매 또한
> 아무 것도 가지고 가지 못하리니"

죽음은 지금까지 가지고 누리고 있던 모든 것을 두고 떠나는 것입니다. 태어날 때 빈손으로 왔던 것처럼 아무것도 쥐지 않고 빈손으로 떠나야 합니다. 죽음으로 우리는 소중한 사람과 아끼던 것과 언젠가 이별합니다. 그렇게 죽음은 관계의 단절이요, 사물과의 단절입니다.

그렇다면 인간은 왜 죽을까요? 왜 죽음이 세상에 왔을까요? 일반적으로는 노화가 죽음의 원인이라 생각하며 늙지 않으려고 애씁니다. 또 예기치 않는 사고로 죽고, 병으로도 죽습니다. 하지만 그것이 죽음의 근본적인 원인은 아닙니다. 죽음의 형태일 뿐입니다.

코로나19 바이러스로 전 세계가 아수라장이 되었습니다. 거의 3년 동안 많은 사람이 목숨을 잃었습니다. 정확한 숫자는 아니지만 628만 명 정도라고 합니다. 이것은 공식적인 숫자고 비공식적으로는 이보다 세 배가 더 많을 거라고 합니다. 서울 인구의 두 배가 사라진 것입니다. 바이러스 하나가 수백만의 생명을 쓸어가듯이, 사람이 죽게 된 원인은 죽음이라는 바이러스인 죄가 이 세상에 들어온 것입니다. 로마서 5장 12절에서 이렇게 말합니다.

> "그러므로 한 사람으로 말미암아 죄가 세상에 들어오고 죄로 말미암아 사망이 들어왔나니 이와 같이 모든 사람이 죄를 지었으므로 사망이 모든 사람에게 이르렀느니라"

한 사람으로 말미암아 죄가 세상에 들어왔습니다. 죄라는 바이러스가 세상에 들어와 기승을 펼치게 된 것입니다. 그 한 사람이 바로 첫 사람 아담과 하와입니다. 이들은 하나님이 먹지 말라고 하는 나무의 열매를 먹었습니다. 그들의 불순종으로 죄가 세상에 들어오고, 그 죄로 사망이 이 세상에 들어왔습니다. 죄라는 바이러스로 사망하게 된 것입니다. 그러니 예외 없이 모든 죽음의 원인은 죄입니다. 하나님은 에덴동산, 아름다운 파라다이스를 만들어 영원히 주님과 함께 교제하며 복락을 누리는 존재로 사람을 만들었습니다. 그런데 아담과 하와가 하나님이 먹지 말라고 하는 나무의 실과를 먹었습니다. 창세기 3장 19절에 아담에게 선언하신 하나님의 말씀이 기록되어 있습니다.

> "네가 흙으로 돌아갈 때까지 얼굴에 땀을 흘려야 먹을 것을 먹으리니 네가 그것에서 취함을 입었음이라 너는 흙이니 흙으로 돌아갈 것이니라 하시니라"

범죄한 아담에게 '너는 흙이니 흙으로 돌아갈 것이니라.'고 말합니다. 하나님께서 아담을 창조하실 때 직접 흙으로 사람을 빚으시고 생기를 불어넣어 주셨습니다. 이처럼 우리 모두는 흙에서 나온 것 같이 죄로 죽음을 맞고 흙으로 돌아갑니다. 이것이 하나님의 사망 선언입니다. 하나님과의 관계를 단절시킨 죄로 인해 우리가 죽게 된 것입니다. 그런데 궁금한 것이 있습니다. '언제 죽는가'입니다.

라이너 마리아 릴케(Rainer Maria Rilke)의 어른을 위한 동화, 『하나님 이야기』라는 책이 있습니다. 이 책에는 사랑하는 청춘 남녀가 등장합니다. 두 사람은 사람들에게 자신의 사랑을 방해받지 않으려고 아무도 없는 광야에 가서 오두막집을 짓습니다. 사랑의 오두막집입니다. 그리고 두 개의 문을 만듭니다. 하나는 여자를 위한 문, 하나는 남자를 위한 문입니다. 아침마다 문을 열고 오두막집에 찾아오는 손님들을 영접합니다. 아침 햇살이 오두막집에 들어오고 풀벌레 소리, 흙냄새 같은 손님이 찾아오죠. 그들은 각자의 문을 열고 행복하게 살았습니다. 어느 날 여자가 아침에 일어나 문을 열려고 문 앞에 섰습니다. 그런데 문 앞에 낯선 손님이 서 있었습니다. 한 번도 보지 못한 낯선 손님이었습니다. 문틈으로 내다보니 죽음이었습니다. 여자는 너무 놀라서 문을 쾅 닫아 버립니다. 남자도 일어나서 자기의 문을 열려고 갔는데, 여자의 문 앞에 있던 그 죽음이 남자의 문 앞에도 서 있습니다. 두 사람은 그날부터 문을 열지 못합니다.

인생이라는 문 앞에 어느 날, 예기치 않는 손님이 찾아옵니다. 한 번도 만난 적 없는 낯선 손님, 죽음이 찾아옵니다. 그날이 언제일지는 아무도 모릅니다. 다만 우리 생각보다 일찍 찾아옵니다. '나는 아직 준비 안 되었는데….' 해도 덜컥 찾아옵니다. 그래서 사람들은 당황하며 기회를 더 달라고 간청합니다. 그렇게 예기치 않는 손님을 만나고 생을 마감합니다. 그날이 언젠지는 모르지만, 반드시 그날이 온다는 것은 우리 모두 알고 있습니다. 그런데 죽음 너머는 전혀 알지 못합니다. 죽음 그다음에는 무엇이 있을까요? 성경은 죽음 이후를 정확하게 설명합니다.

죽음 그 이후

예수님은 죽음 이후 무엇이 있는지를 부자와 나사로 이야기를 통해 설명합니다. 엄청난 부자와 그 집 문간에서 얻어먹는 거지가 있습니다. 부자와 거지는 너무나 다른 환경에서 살았지만, 세월이 흘러 거지도 죽고 부자도 죽습니다(눅 16:22).

> "이에 그 거지가 죽어 천사들에게 받들려 아브라함의 품에 들어가고 부자도 죽어 장사되매"

거지는 죽어서 천사들에게 받들려 아브라함의 품에 들어갑니다. 아브라함 품은 천국을 말합니다. 부자도 죽어 장사 됩니다. 부자는 돈이 많으니 화려하게 장사를 지냈을 것입니다. 그런데 장사 이후 그가 어디로 갔는지 예수님은 설명하십니다(눅 16:23).

> "그가 음부에서 고통 중에 눈을 들어 멀리 아브라함과 그의 품에 있는 나사로를 보고"

부자가 음부에서 눈을 뜹니다. 그리고 고통 중에 눈을 들어 하늘을 바라봅니다. 음부는 깊은 슬픔과 고통이 있는 지옥을 말합니다. 부자와 거지 모두 죽었지만, 죽음 이후 가는 길은 갈라졌습니다. 예수님을 구주로 믿는 사람은 죽는 순간에 천사들이 그 영혼을 받들어 아브라함 품으로 데리고 갑니다. 그리고 아브라함 품에서 낙원의 기쁨을 영원히 누리게 됩니다. 하지만 하나님과 예수님을 모르는 사람은 죽는 순간에 바로 음부로 내려갑니다. 똑같은 죽음이지만, 결과가 다릅니다. 몸은 땅에 묻혀 똑같이 흙으로 돌아가지만, 죽는 그 순간에 믿음의 사람과 믿지 않는 사람은 가는 길이 다릅니다. 생명과 사망, 낙원과 지옥이라는 분기점에는 예수 그리스도가 있습니다. 예수님을 믿어서 천국으로 가고, 예수님을 믿지 않아 지옥으로 가게 됩니다. 이것이 명확한 성경의 말씀입니다.

제가 청년이던 시절, 봄철 농번기가 되면 온 동네가 분주했습니다. 이 시기에 사람이 죽으면 장래 치를 사람도 부족했습니다. 그래서 한 교회에서 장례가 나면 그 주변 다섯 교회가 힘을 합쳐 장례를 치렀습니다. 교회마다 사람을 차출하여 상여를 멨습니다. 어느 화창한 봄날 저는 우리 교회를 대표해 장례식에 가서 상여를 멨습니다. 상여를 메고 산에 올라 무덤가에서 하관 예배를 드리는데 그때 본 하늘이 너무 높고 맑았습니다. 세월이 많이 지났지만 지금도 그때의 하늘이 그림처럼 가슴에 남아 있습니다. 그 무덤가에서 찬송가를 불렀습니다.

만세 반석 열리니 내가 들어갑니다.
창에 허리 상하여 물과 피를 흘린 것
내게 효험 되어서 정결하게 하소서.
내가 공을 세우나 은혜 갚지 못하네.
쉼이 없이 힘쓰고 눈물 근심 많으나
구속 못 할 죄인을 예수 홀로 속하네.
빈손 들고 앞에 가 십자가를 붙드네.
의가 없는 자라도 도와주심 바라고

생명샘에 나가니 나를 씻어 주소서.
살아생전 숨 쉬고 죽어 세상 떠나서
거룩하신 주 앞에 끝날 심판 당할 때
만세 반석 열리니 내가 들어갑니다.
(새찬송가 494장, 만세 반석 열리니)

우리가 죽는 순간에 하늘의 만세 반석이 열립니다. 이 몸은 땅에 묻히지만, 영혼은 만세 반석이 열려 있는 곳으로 들어갑니다. 우리가 무슨 힘으로 그곳에 가겠습니까? 예수님께서 우리 대신 죽으셨기에 가능한 일입니다. 예수님은 로마 군인들이 찌른 창에 허리를 상하고 물과 피를 흘리셨습니다. 이것이 효험이 되어서, 즉 예수님의 죽음으로 말미암아 우리가 만세 반석으로 들어가는 것입니다. 우리는 죽어서 땅에 묻힙니다. 믿는 자도 묻히고 믿지 않는 자도 묻힙니다. 비슷해 보이지만 다릅니다. 우리의 육신은 땅속에서 그리스도가 다시 오실 때를 기다립니다. 영혼은 하나님께 가 있고 육신은 땅에 묻혀 있습니다. 그러다 주님이 다시 오실 때 무덤이 열리고 살아나는 것입니다. 요한복음 5장 28-29절에는 이에 대해 놀라지 말라고 합니다.

"이를 놀랍게 여기지 말라 무덤 속에 있는 자가 다 그의 음성을 들을 때가 오나니 선한 일을 행한 자는 생명의 부활로, 악한 일을 행한 자는 심판의 부활로 나오리라"

예수님이 다시 오셔서 무덤 속에 있는 자, 땅속에 있는 자를 부르십니다. 그때 주님의 음성을 듣고 일어납니다. 어떻게 일어날까요? 선한 일을 행한 자는 생명의 부활로, 악한 일을 행한 자는 심판의 부활로 일어납니다. 믿는 자도 일어나고 안 믿는 자도 일어납니다. 똑같이 부활을 경험합니다. 그런데 믿는 자는 몸과 영혼이 합쳐져 천국에서 영원히 살게 되지만, 믿지 않는 사람은 그 몸과 함께 음부에서 영원히 고통당하게 됩니다. 생명과 사망, 천국과 지옥의 길을 나누시는 분은 예수 그리스도이십니다. 예수님이 우리의 구주가 되심으로 우리는 사망에서 생명으로 옮겨진 것입니다.

우리는 예수의 생명 부활의 씨앗을 가진 사람들입니다. 그러나 아직은 이 땅에 살고 있습니다. 우리의 소풍이 언제 끝날지 모릅니다. 언제 주님이 부르실지, 언제 내 삶이 끝날지 모릅니다. 한문으로 죽음을 뜻하는 사망의 '사(死)'는 저녁 '석(夕)' 옆에 화살 '비(鈚)'를 붙여놓은 것입니다. 어느 날 저녁에 화살이 날아와서 꽂혀 죽는다는 것이지요. 낮에도 날아오는 화살은 피하기 힘듭니다. 그런데 어슴푸레한 저녁에 화살이 날아오면 그냥 죽는 것입니다. 그렇게 어느 날, 어느 시에 우리 삶이 끝날지 모릅니다. 후기 스토아 철학을 대표하는 로마 제정시대 정치가 세네카는 "죽음이 어디서 당신을 기다릴지 알 수가 없다. 그러므로 어디서나 그것을 맞을 준비를 해라."라고 말합니다. 시편 90장에서도 이렇게 말합니다(시 90:12).

"우리에게 우리 날 계수함을 가르치사 지혜로운 마음

을 얻게 하소서"

인생이 얼마나 짧은지 깨닫는 것이 지혜입니다. 우리는 자기가 살아온 날은 다 압니다. 그렇게 올해가 몇 번째 생일인지는 알지만, 내게 남은 날이 얼마인지는 모릅니다. 그래서 지혜로운 사람은 남은 날이 얼마일지는 모르지만 '내가 얼마나 더 살 수 있을까? 내 남은 날이 얼마일까?' 하며 그날을 세어보려 합니다. 이는 남은 날을 모르니 전전긍긍하라는 뜻이 아닙니다. 남은 날이 얼마일지 모르니 하나님 앞에서 겸손하고 정직하고 충실하게 살라는 뜻입니다. 우리는 예수님을 믿는 사람이요, 지혜로운 사람입니다. 그래서 남은 날을 계수하면서 살아야 합니다. 그리고 예수님의 부활을 믿는 사람이기에 부활의 생명, 부활의 씨앗이 우리 속에 있다는 것을 믿고 더 담대하게 살아야 합니다. 요한복음 11장 25-26절에 예수님은 이렇게 말씀하십니다.

"예수께서 이르시되 나는 부활이요 생명이니 나를 믿는 자는 죽어도 살겠고 무릇 살아서 나를 믿는 자는 영원히 죽지 아니하리니 이것을 네가 믿느냐"

예수 그리스도께서 "나는 부활이요 생명이다. 생명의 그 씨앗이 우리 속에 들어와 있고 나를 믿는 자는 영원히 죽지 않는다. 이것을 네가 믿느냐?"라고 묻습니다. 우리는 예수님의 생명을 가진 사람입니다. 부활의 씨앗을 품고 있는 자들입니다. 우리가 언제 죽을지는 알 수 없지만 부활의 소망이 있음을 확신해야 합니다. 부활의 생명과 능력이 우리와 함께 있기에 이 땅에 사는 동안 어떠한 고난과 어려움도 이길 수 있습니다. 부활은 죽음을 이깁니다. 그 부활의 능력이 우리에게 있기에 우리는 무엇이든지 이기고 견딜 수 있습니다.

그렇다면 한 번뿐인 인생을 어떻게 살아야 할까요? 천상병 시인의 고백처럼 살아야 합니다. '아름다운 이 세상, 소풍 마치는 날 나 하늘로 돌아가리라. 멋진 삶을 살고, 후회 없는 삶을 살고, 아버지께로 돌아가리라.' 이것이 그리스도인들의 모습이어야 합니다. 후회 없는 삶의 모습이 고린도전서 15장 58절에 기록되어 있습니다.

> "그러므로 내 사랑하는 형제들아 견실하며 흔들리지 말고 항상 주의 일에 더욱 힘쓰는 자들이 되라 이는 너희 수고가 주 안에서 헛되지 않은 줄 앎이라"

이를 풀어 설명하면 이렇습니다.

'사랑하는 내 형제들아, 흔들리지 마라. 세상 어떤 논리에도 흔들지 말고, 세상의 어떤 유혹에도 흔들리지 말고 견고하게 서서 항상 주의 일에 힘쓰는 자들이 되어라. 너의 수고가 절대 헛되지 않다. 부름 받는 그날이 올 때 내가 너희의 수고를 다 기억했다가 생명의 면류관을 줄 거야.

후회 없이 이 세상을 잘 살기 위해서는 주님께 붙어 견고하고 흔들리지 않아야 합니다. 그리고 주의 일에 힘써야 합니다. 그렇게 우리를 구속하신 예수님의 사랑 이야기, 음부로 떨어질 우리를 구속해 주신 예수님의 사랑 이야기를 죽을 수밖에 없는 다른 영혼들에게 전달하는 것입니다. 그럴 때 주님은 우리와 함께하십니다. 우리가 예수님의 이야기를 나눌 때마다 부활하신 예수님이 우리에게 힘을 공급하실 것입니다. 육신의 죽음이 다가올 때까지, 죽음 이후를 생각하며 견고하며 흔들리지 말고 주의 일에 더욱 힘쓰는 자가 되십시오. 주님은 세상 끝날 때까지 우리와 함께하십니다.

12장
가슴 뛰는 인생은 눈부시다

사도행전 2:1-4, 16-17

1 오순절 날이 이미 이르매 그들이 다같이 한 곳에 모였더니 2 홀연히 하늘로부터 급하고 강한 바람 같은 소리가 있어 그들이 앉은 온 집에 가득하며 3 마치 불의 혀처럼 갈라지는 것들이 그들에게 보여 각 사람 위에 하나씩 임하여 있더니 4 그들이 다 성령의 충만함을 받고 성령이 말하게 하심을 따라 다른 언어들로 말하기를 시작하니라

16 이는 곧 선지자 요엘을 통하여 말씀하신 것이니 일렀으되 17 하나님이 말씀하시기를 말세에 내가 내 영을 모든 육체에 부어 주리니 너희의 자녀들은 예언할 것이요 너희의 젊은이들은 환상을 보고 너희의 늙은이들은 꿈을 꾸리라

행복한 삶

미국의 심리학자 마틴 셀리그만(Martin Seligman)은 사람의 행복을 연구했습니다. 사람은 누구나 행복하기를 원합니다. 그녀의 저서 『완전한 행복』에서는 행복을 느끼는 두 부류의 사람을 이야기합니다. 첫 번째 부류는 '쾌락'을 통해 행복을 추구합니다. 쾌락은 몸을 짜릿짜릿하게 합니다. 짜릿한 느낌이 행복이라 생각하고 쾌락을 좇아 살아갑니다. 쾌락은 짧은 순간에 지나갑니다. 쾌락을 위해서 술을 마시고 마약을 하면서 계속 짜릿한 것을 찾습니다. 더 강력한 짜릿함을 찾다 보니 습관이 되고 중독이 됩니다. 이렇게 쾌락을 통해서 행복을 찾게 되면 '허무'와 '후회'밖에 남는 것이 없습니다. 두 번째 부류는 '만족'을 통해 깊은 행복을 누립니다. 쾌락과 달리 이 만족은 오래갑니다. 마음이 든든해지고 빛나는 삶을 살게 됩니다.

어떤 행복을 추구하고 계십니까? 많은 부를 축적하여 재미난 일을 좇는 쾌락을 추구하고 있습니까? 아니면 마음의 만족에서 오는 행복을 추구하고 있습니까? 세상 사람들은 행복을 쾌락에서 찾습니다. 그러니 허무합니다. 지난 과거를 돌아보며 한숨만 내쉽니다. 자신이 인생을 낭비했다고 말합니다. 행복이란 소유에서 오는 만족이 아닙니다. 참 만족은 무언가를 많이 소유하게 되어 더 이상 필요한 것이 없어서 만족하는 것이 아닙니다. 사람의 욕망은 끝이 없습니다. 아무리 많이 가져도 또 다른 욕망이 생기고, 또 다른 걸 갖고 싶어합니다. 소유로는 결코 만족할 수 없습니다.

하나님은 그리스도인들이 쾌락이 아닌 만족으로 행복하게 살도록 지으셨습니다. 성도가 어떻게 만족할 수 있는지 성경은 말합니다. 시편 23장은 다윗의 고백입니다(시 23:1).

"여호와는 나의 목자시니 내게 부족함이 없으리로다"

부족함이 없다는 것은 만족스럽다는 것입니다. 다윗은 시골 목동이었습니다. 양치기인 그는 변변한 옷 한 벌도 없었을 것입니다. 그럼에도 그는 부족함이 없다고 고백합니다. 하나님이 그의 목자가 되시기 때문입니다. 우리도 예수 그리스도를 통해서 하나님이 우리 아버지 되시고, 우리의 영원한 목자가 되시기에 부족함이 없다고 고백할 수 있습니다. 아버지 하나님께서 우리의 모든 필요를 채워주시기 때문입니다. 우리는 주님으로 만족합니다.

미국 캘리포니아 주에 로마린다라는 곳이 있습니다. '로마린다'

는 스페인어로 '아름다운 동산'이라는 의미입니다. 로마린다 의과대학에서 웃음이 삶에 미치는 영향을 연구했습니다. 사람들이 '와! 좋다'라고 감탄할 때마다 우리 몸에선 도파민이 분비됩니다. 우리 몸과 뇌에서 중요한 역할을 하는 신경전달물질인 도파민은 '행복 호르몬'으로 불립니다. 도파민이 부족하면 무기력해지고 일상생활에서 활동성이 저하되며, 사회적 참여에도 부정적인 영향을 미칩니다. 도파민은 우리가 감탄할 때나 감동할 때 분비됩니다.

가장 강력한 감동은 성령의 감동입니다. 예수님을 믿는 사람은 하나님의 강력한 은혜를 받을 때가 있습니다. 강한 은혜와 감동은 도파민과는 비교할 수 없는 좋은 호르몬으로 뇌 속에 생성된다고 합니다. 암세포도 박멸합니다. 그만큼 성령님이 주시는 감탄과 감동은 우리를 건강하게도 합니다.

하나님은 자주 감탄하시는 분이십니다. 창세기를 보면 하나님이 천지를 만드시고 무척 흐뭇해하십니다. 창세기 1장 4절을 보니 하나님이 빛을 만드시고 '하나님 보시기에 좋았더라'고 합니다. '참 좋다'라는 뜻입니다. 하나님은 자신이 만드신 세상을 보면서 감탄하셨습니다. 10절에도 '하나님이 뭍을 땅이라 부르시고 모인 물을 바다라 부르시니 하나님이 보시기에 좋았더라'고 하십니다. 하나님이 만드신 창조물을 보시면서 '참 좋다, 참 좋다'를 반복해서 말씀하셨습니다. 마지막 31절에는 '하나님이 지으신 그 모든 것을 보시니 보시기에 심히 좋았더라'고 합니다. 하나님은 매우 좋았다고 강조하시며 감탄하셨습니다.

하나님은 사람들도 감탄하며 살기를 원하십니다. 그런데 우리는 '하나님께서 만든 세상이 너무나 아름답구나. 하나님은 너무 위대한 분이시구나!'라고 잘 감탄하지 않습니다. 가슴 뛰며 감탄해야 행복한데, 그렇지 못하니 강제로 가슴을 뛰게 만듭니다. 돈을 주고 번지 점프를 하면서 가슴 뛰게 합니다. 롤러코스터를 타고 소리를 지르며 감탄하게 합니다. 하도 감동을 안 하고 가슴이 안 뛰니, 돈으로 흥분과 짜릿함을 사는 것입니다. 하지만 이는 그때뿐, 잠시 지나면 다시 허전해집니다. 가슴 뛰는 일이 없으니, 세상이 재미없습니다. 하루하루가 지루하고 심심하며 삶에 설렘도 없습니다. 맥박은 뛰는데 심장의 고동 소리가 없는 것입니다. 이 시대는 감동이 메말랐습니다. 예수님은 감동 없는 사람들에 대해 누가복음 7장 32절에 비유로 말씀하십니다.

"비유하건대 아이들이 장터에 앉아 서로 불러 이르되 우리가 너희를 향하여 피리를 불어도 너희가 춤추지 않고 우리가 곡하여도 너희가 울지 아니하였다 함과 같도다"

우리가 너희를 위해 피리를 불어도 춤추지 않고, 울어도 울지 않는다고 합니다. 이는 당시 사람들의 무뎌진 감각, 무덤덤함을 보여줍니다. 이들은 시무룩하며 걱정과 근심으로 가득 차 있습니다. 하나님은 우리가 아름다운 세상을 보며 가슴뛰도록 창조하셨는데 하나님의 목적과 다르게 살아가고 있는 것입니다. 감탄 없이 사는 우리를 위해 하나님이 오순절을 준비하셨습니다.

오순절의 기쁨

'산전수전 다 겪었다.'라는 말이 있습니다. 세상의 온갖 고생과 어려움을 다 겪었다는 뜻입니다. 이런 일, 저런 일, 쓴맛, 단맛을 모두 경험한 것입니다. 그 많은 일 속에 우리가 반드시 경험해야 할 일이 있습니다. 오순절의 뜨거움입니다. 하늘에서 내리는 성령의 바람, 성령의 불을 경험해야 합니다. 오순절을 경험하지 못했다면 우리가 아무리 애쓰고 노력해도 늘 목이 마르고 허기가 집니다. 허무한 소원을 좇는 인생이 됩니다. 사도행전 2장은 밋밋하고 나른하며 심심하게 사는 사람들, 가슴 뛰지 않는 사람들을 위해서 하나님이 예비하신 오순절에 대한 말씀입니다. 사도행전 2장 1절에는 '오순절 날이 이미 이르매'라고 시기를 밝힙니다. 오순절은 유대인의 절기입니다. 유대인들은 유월절, 오순절, 초막절을 엄격하게 지킵니다. 이 세 절기 중에 오순절에 성령이 임했습니다. 하늘로부터 바람같이, 불같이 성령이 모인 사람들 머리 위에 임한 것입니다. 성령이 임했을 때 어떤 현상이 일어났을까요(행 2:4).

"그들이 다 성령의 충만함을 받고 성령이 말하게 하심을 따라 다른 언어들로 말하기를 시작하니라"

그들이 모두 성령의 충만함을 받고 성령의 말하게 하심을 따라 각각 다른 언어로 말합니다. 오순절의 성령 강림 때부터 교회의 원형인 초대교회가 시작되었습니다. 오순절 이전과 이후는 큰 변화가 있습니다. 베드로만 봐도 그렇습니다. 예수님의 수제자 베드로는 겁이 많은 사람이었습니다. 어린 계집종이 베드로가 예수를 따르는 제자였다는 것을 알아보자, 예수님을 부인합니다. 심지어 예수님을 비난까지 하며 3번이나 부인합니다. 하지만 오순절 성령을 경험한 후 달라집니다. 그가 가는 곳마다 역사가 일어나고, 기적이 일어납니다. 어느 날 베드로가 기도하러 성전에 들어가다가 성전 미문 앞에서 구걸하는 사람을 봅니다. 그는 앉은뱅이로 평생 걸어본 적이 없었습니다. 누구도 그를 걷게 할 수 없었습니다. 하지만 베드로는 그를 주목하고 선포합니다(행 3:6).

"베드로가 이르되 은과 금은 내게 없거니와 내게 있는 이것을 네게 주노니 나사렛 예수 그리스도의 이름으로 일어나 걸으라 하고"

베드로가 "일어나 걸어라"라고 외친 후 손을 잡고 일으키니 그가 일어나 걷고 뛰기도 합니다. 사람으로는 할 수 없는 일이 베드로를 통해 일어났습니다. 겁 많고 두려움에 떨며, 능력조차 없던 베드로가 평생 걸어본 적 없는 사람을 일으킨 것입니다. 이런 역사가 오순절 이후에 일어났습니다. 베드로는 예수님의 제자였습니다. 제자는 그냥 예수님을 따라다니는 사람입니다. 그런데 그가 오순절 성령을 체험한 이후, 사도가 된 것입니다. 이전까지는 예수님을 좇아다니기만 했는데 이제 사도로 '보내심을 받은 자'가 되었습니다. 이제는 예수님을 대신해 곳곳으로 나아가 예수님의 일을 행하는 것입니다. 그러니 오순절 이전과 오순절 이후의 삶이 너무 다릅니다. 예수님은 부활하신 이후 제자들이 모여 있는 다락방에 찾아오셨습니다. 예수님은 그들에게 오셔서 말씀하십니다(요 20:21).

> "예수께서 또 이르시되 너희에게 평강이 있을지어다 아버지께서 나를 보내신 것 같이 나도 너희를 보내노라"

예수님은 제자들을 찾아오셔서 평강을 선포하시고 그들을 파송하십니다. 하나님 아버지께서 자신을 이 땅에 보낸 것 같이 제자들을 보낸다고 말씀하십니다. "너희를 보내노라" 여기에서 보냄을 받은 이가 '사도'입니다. 예수님을 따르던 제자들에게 '나도 너희를 보낸다'고 말하며 앞으로 주실 것에 대해 말씀하십니다(요 20:22).

> "이 말씀을 하시고 그들을 향하여 숨을 내쉬며 이르시되 성령을 받으라"

'성령을 받으라.'는 것은 하늘의 능력을 받으라는 것입니다. 성령을 받으면 예수님이 행하셨던 일을 할 수 있다는 말입니다. 따라다니기만 한 제자에서 보냄받은 사도가 됩니다. 그렇게 오순절 이후 제자들이 머문 곳곳에서 역사가 일어납니다.

교육전도사 시절 청소년부 학생들과 함께 포항 흥해에 있는 대련기도원으로 2박 3일 여름 수련회를 갔습니다. 그곳은 시설이 참 열악했습니다. 에어컨도 없이 선풍기 몇 대만으로 무더위와 싸웠습니다. 당시 저는 금식하며 저녁 집회 말씀을 전했는데 첫날부터 하나님의 은혜가 임했습니다. 둘째 날에는 사도행전 2장의 오순절 사건을 본문으로 설교했습니다. 제 기억에 설교 원고는 그리 대단하지 않았습니다. 하지만 그날 저녁 말씀을 전할 때 신비를 경험했습니다. 학생들은 고요했는데 그 마음속에 고동치는 소리, 약동하는 희망, 형언할 수 없는 힘이 느껴졌습니다. 두려움과 걱정이 사라지고 하늘의 꿈과 희망이 저와 학생들에게 넘쳤습니다. 예배는 마쳤지만 주님의 임재가 계속 되었습니다. 그 이후 모든 수련회 프로그램을 중단하고 하나님을 찬양하고 기도하는 시간으로 보냈습니다. 주님이 임하시니 아이들의 마음속에 있던 염려와 걱정, 두려움이 사라졌습니다. 은혜받은 감동으로 찬양하는 아이들의 얼굴이 얼마나 빛났는지 모릅니다. 땀과 눈물로 범벅이 된 얼굴이 얼마나 아름다웠는지 모릅니다. 그 모습을 지금도 생생하게 기억합니다. 수련회 전까지 이 학생들은 그저 습관처럼 교회에 오는 제자에 불과했습니다. 하지만 오순절 성령을 체험한 후 그들은 자신이 속한 공동체에서 지금까지 주님의 뜻을 위해 일하는 사람으로 살아가고 있습니다.

하늘의 능력을 경험한 사람은 자신의 힘이 아니라 하나님의 능력으로 살아갑니다. 능력의 주체가 바뀌니 우리 인생도 바뀝니다. 가슴 벅찬 하나님의 은혜를 경험하면 밋밋하던 삶이 가슴 뛰는 삶으로, 어둡던 얼굴이 밝은 얼굴로 변화됩니다. 성령을 받으면 무엇이든 할 수 있습니다. 에스겔 37장에는 에스겔의 환상이 기록되어 있습니다.

> "주 여호와께서 이 뼈들에게 이같이 말씀하시기를 내가 생기를 너희에게 들어가게 하리니 너희가 살아나리라"

하나님은 에스겔을 마른 뼈가 가득한 골짜기로 데려가서 이 뼈가 살아날 수 있겠냐고 물어보셨습니다. 아니, 마른 뼈가 어떻게 살아나겠습니까? 죽은 지 오래되어 뼈만 남았는데, 그 뼈도 바싹 마른 형편인데 어떻게 살아납니까? 그런데 하나님은 "내가 생기를 너희에게 들어가게 하리니 너희가 살아나리라"(겔 37:5)고 선포하십니다. 하늘의 생기가 들어가면 마른 뼈가 살아나 군대가 된다는 겁니다. 하늘에 생기가 임하고, 하늘에 불이 임하면 마른 뼈도 살아납니다. 하나님은 오늘도 살아계시기에 우리를 통해 그 일을 행하십니다. 회복될 수 없는 관계, 가망 없는 불치병, 희망 없는 인생에 생기가 들어가면 살아납니다. 답답하고 지루하던 일상이 활기를 찾고 가슴은 뛰기 시작합니다. 눈부시고 빛나는 모습으로 이 세상을 살아가게 됩니다. 매일 먹고사는 문제로 고민하던 사람도 하늘의 생기를 받으면 생계 문제를 뛰어넘는 인생으로 살 수 있습니다. 이렇게 살아난 인생을 스가랴서 4장 6절에서 봅니다.

> "이는 힘으로 되지 아니하고 능으로 되지 아니하고 오직 나의 영으로 되느니라"

바벨론에서 포로로 돌아온 후 무너졌던 예루살렘 성전을 재건합니다. 그런데 성전 재건 공사가 쉽게 진행되지 않습니다. 오히려 14년 동안 예루살렘 성전 재건이 중단됩니다. 방해꾼이 너무 많았기 때문입니다. 하지만 누가 봐도 희망이 없던 성전 건축이 이루어집니다. 그 일은 인간의 힘이 아닌 하나님의 영으로 된 것입니다. 우리가 애쓰고 우리의 능력으로 완성하려 노력해도 안 되는 일이 오직 하나님의 영으로는 가능합니다. 사람이 할 수 없는 그 일, 인간이 아무리 힘과 능으로 애를 쓰고, 사람을 동원해도 안 되는 그 일이 하나님의 영이 임하면 됩니다. '오직 나의 신으로 되느니라.' 그렇게 말씀합니다.

함께 모여

놀라운 하늘의 능력을 경험하는 방법이 사도행전 2장 1절에 기록되어 있습니다.

> "오순절 날이 이미 이르매 그들이 다같이 한 곳에 모였더니"

예수님의 부활 승천 이후 제자들과 예수님을 따르던 자들이 한 곳에 모였습니다. 그리고 이들이 모인 곳에 주의 영이 임했습니다. 교회의 특징은 모이는 것입니다. 모이지 않고 흩어져 있으면 능력이 없습니다. 혼자 있는 곳에도 하나님이 계십니다. 그러나 하늘의 불은 사람들이 모여 있을 때 강하게 역사하십니다. 사실 제자들은 함께 모일 수 있는 상황이 아니었습니다. 굉장히 두렵고 떨리는 형편이라 이들은 흩어져 도망치는 것이 더 좋은 선택일 수 있었습니다. 그런데 그들은 함께 모였고 기도할 때 성령의 충만을 받은 것입니다(행 2:4).

> "그들이 다 성령의 충만함을 받고 성령이 말하게 하심을 따라 다른 언어들로 말하기를 시작하니라"

그곳에 모인 모든 사람이 성령의 충만을 받았습니다. 누구 한 사람 예외 없이 성령의 충만함을 받고 성령이 말하게 하심을 따라 다른 언어로 말하기 시작합니다. 기가 막힌 일이 일어난 것입니다. 모이면 역사가 일어납니다. 그래서 우리는 어떤 핑계로도 모이기를 폐해서는 안 됩니다. 은혜의 자리로 열심히 가야 합니다. 그럴 때 그 자리에 주의 영이 임하십니다. 어느 날, 어느 순간에 주의 영이 임하실지 우리는 모릅니다. 그래서 더욱 모여야 합니다. 성령의 충만을 받도록, 하늘의 능력을 덧입도록 함께 모여 예배해야 합니다.

인간의 모든 문제, 100가지의 문제가 있어도 오직 정답은 하나입니다. 100가지 소원을 만족하게 하는 정답도 하나입니다. 솔로몬은 그 정답을 자기 삶을 통해 보여줍니다. 솔로몬은 100가지 소원을 이룬 사람입니다. 솔로몬의 모습을 전도서 2장 8절의 고백을 통해 알 수 있습니다.

> "은 금과 왕들이 소유한 보배와 여러 지방의 보배를 나를 위하여 쌓고 또 노래하는 남녀들과 인생들이 기뻐하는 처첩들을 많이 두었노라"

솔로몬은 이루 말할 수 없는 것을 가지고 누리며 살았습니다. 은과 금과 왕들이 소유한 보배와 여러 지방의 보배를 쌓아두고 살았습니다. 또 노래하는 남녀들, 자기를 위해 노래 불러주는 사람들, 또 인생이 기뻐하는 처첩들을 많이 두었습니다. 쾌락을 좇아본 것입니다. 쾌락을 통해 행복해지려고 많은 처첩을 두고, 많은 보배를 소유하며, 노래 부르는 사람도 가져봤는데 그는 전혀 뜻밖의 말을 합니다(전 2:11).

"그 후에 내가 생각해 본즉 내 손으로 한 모든 일과 내가 수고한 모든 것이 다 헛되어 바람을 잡는 것이며 해 아래에서 무익한 것이로다"

솔로몬 왕이 '만족이 없다'고 말합니다. 모든 것을 가졌는데 허무하다는 것입니다. '헛되다'는 말은 텅 비었다는 것을 의미합니다. 100가지 소원과 바람이 있었고 그것들을 다 이루었는데 만족스럽지 않습니다. 그 수많은 소원과 바람을 만족하게 하는 것을 놓친 것입니다. 100가지 소원과 바람을 만족하게 하는 것은 여러 일이 아니고 바로 하나입니다.

"하나님이 말씀하시기를 말세에 내가 내 영을 모든 육체에 부어 주리니 너희의 자녀들은 예언할 것이요 너희의 젊은이들은 환상을 보고 너희의 늙은이들은 꿈을 꾸리라"

사도행전 2장 17절 말씀에는 하늘의 영, 주의 영이 임하면 아이들은 예언하고, 청년들은 환상을 보고, 노인들은 꿈을 꾸게 된다고 말합니다. 예언하고 환상을 보며 꿈을 꾼다는 것은 모두 미래의 일입니다. 아이나 청년, 노인 누구할 것 없이 가슴 벅찬 하나님의 은혜가 임하면 빛나는 미래를 보게 된다는 말입니다. 즉, 만족하게 하는 바로 그 하나가 하나님이라는 것입니다.

먹고사는 문제에 시달리던 사람들도 이제는 하루살이가 아닌 영원한 하나님 나라를 보게 됩니다. 성령님께서 예언과 꿈과 환상을 주셔서 우리를 더 멀리 더 넓게 보게 하십니다. 우리의 안목을 넓게 하여 기대하게 하고 흥분하게 하며 가슴을 뛰게 만드는 하늘의 꿈을 주십니다. 인간의 100가지 소원의 만족은 하나님의 영을 받을 때 완성됩니다. 주의 영을 받으면 우리는 만족할 수 있습니다. 하늘의 꿈을 받으면 충만할 수 있습니다. 허무한 삶의 늪에서 헤매는 사람들, 인생을 의미 없는 삶으로 사는 사람들에게 하나님은 치유할 수 있는 묘약을 주셨습니다. 하나님의 영으로 하늘의 꿈을 심는 것입니다.

바람의 딸 한비야가 케냐에 갔을 때, 그곳에서 유명한 의사를 만났습니다. 그 의사는 케냐의 대통령도 미리 약속을 잡아야만 만날 수 있을 만큼 유명한 사람이었습니다. 그런데 이 의사는 휘황찬란한 도시가 아닌 시골구석에서 가난하고 힘든 사람들의 풍토병을 치료합니다. "당신은 유명한 의사인데 왜 아무도 알아주지 않는 이곳에서 일합니까?" 한비야가 물었습니다. "내가 가지고 있는 기술과 재능을 돈 버는 데만 쓰면 너무 아깝지 않겠습니까?" 그러면서 그는 이 일이 자기 가슴을 뛰게 한다고 말합니다. 그는 돈 버는 것보다 훨씬 큰 가치를 위해 자신의 재능을 사용합니다. 가슴 뛰는 일에 재능을 씁니다. 이것이 꿈꾸는 사람의 모습입니다. 꿈이 없는 사람은 늘 먹고사는 생계 걱정에 매몰되어 살아갑니다. 그런데 하늘의 꿈을 받은 사람들은 그것을 뛰어넘습니다.

사람은 세 번 태어난다고 합니다. 첫 번째, 생물학적 태어남입니다. 몸의 탄생이죠. 두 번째, 영적 거듭남입니다. 성경은 영으로, 성령으로 거듭나야 하나님의 아들이 된다고 말씀합니다. 하나님 자녀가 되어 예수 그리스도를 믿고 하나님을 아버지라 부르는 것입니다. 세 번째, 사명의 태어남입니다. 우리가 이 땅에 살아갈 동안 해야 할 일, 삶의 이유, 목적을 발견하는 것입니다. 이 세 번째 탄생으로 비로소 우리는 가슴이 뛰고, 가슴에 열망이 끓어오르기 시작합니다. 그리고 얼굴에 빛이 납니다. 여러분은 몇 번 태어나셨습니까? 사명으로 태어나길 바랍니다. 사명으로 가슴 뛰는 삶을 사십이오.

13장
감사는 형통의 마중물이다

출애굽기 23:14-16

14 너는 매년 세 번 내게 절기를 지킬지니라 15 너는 무교병의 절기를 지키라 내가 네게 명령한 대로 아빕월의 정한 때에 이레 동안 무교병을 먹을지니 이는 그 달에 네가 애굽에서 나왔음이라 빈 손으로 내 앞에 나오지 말지니라 16 맥추절을 지키라 이는 네가 수고하여 밭에 뿌린 것의 첫 열매를 거둠이니라 수장절을 지키라 이는 네가 수고하여 이룬 것을 연말에 밭에서부터 거두어 저장함이니라

골로새서 2:6-7

6 그러므로 너희가 그리스도 예수를 주로 받았으니 그 안에서 행하되 7 그 안에 뿌리를 박으며 세움을 받아 교훈을 받은 대로 믿음에 굳게 서서 감사함을 넘치게 하라

인간에게 빛나는 시간은 청춘의 시간, 젊음의 시간입니다. 그러나 그 시간들은 이제 과거가 되었습니다. 우리 삶에는 '과거' '현재' '미래'가 있습니다. 과거에서 현재로, 그리고 미래로 시간이 흘러갑니다. 과거의 시간은 기억 속에 남아 있을 뿐입니다. 다 지나갔습니다. 미래는 아직 오지 않았습니다. 가보아야 하는 시간입니다. 미래는 약속어음과 같습니다. 가장 중요한 시간은 지금, 현재, 오늘입니다.

부재할 때 소중함을 깨닫고,
존재할 때 당연함을 느끼는 우리는
건강을 잃고서야 그 간절함을 알고,
가족을 잃고서야 그 감사함을 알고
젊음을 잃고서야 그 찬란함을 안다.

언제나 가장 소중한 것은 지금 당신이 당연하다고 생각하는 것들에 있다.
당신을 둘러싼 당연한 것들 모두에게 안부를 묻자.

누군가는 자유롭게 살아갈 수 있는 건강함
누군가는 방문을 열면 보이는 가족에게
누군가는 영원하지 않을 이 빛나는 청춘의 날들에게
행복, 그 시작은 감사하는 마음에 있다.

김수현, 「행복, 그 시작은」 중에서

당연한 것이라고 생각하는 '지금'을 잘 살아야 합니다. '지금'이 은혜의 시간입니다. '지금'은 주님이 우리에게 주신 기회의 시간입니다. '지금'이 우리 가슴을 뛰게 하고 행복하게 하는 시간입니다. 매일 반복되는 일상이니 지금의 시간이 당연하게 느껴지지만, 사실 그렇지 않습니다. 오늘, 주어진 '이 날'만 확실한 시간입니다. 그래서 우리에게 주어진 하루를 아름답게 행복하게 만들 전략이 필요합니다.

행복한 하루 만들기: 감사

출애굽기 23장에는 이스라엘 백성이 지키는 세 절기가 나옵니다. 첫 번째 절기는 무교병의 절기입니다(출 23:15).

"너는 무교병의 절기를 지키라 내가 네게 명령한 대로 아빕월의 정한 때에 이레 동안 무교병을 먹을지니 이는 그 달에 네가 애굽에서 나왔음이라 빈손으로 내 앞에 나오지 말지니라"

무교병이란 누룩을 넣지 않고 만든 빵입니다. 무교병의 절기는 쉽게 말해 유월절입니다. 애굽에서 종살이를 청산하고 하나님의 은혜로 나왔던 날을 기념해 감사하는 절기입니다.

"맥추절을 지키라 이는 네가 수고하여 밭에 뿌린 것의 첫 열매를 거둠이니라 수장절을 지키라 이는 네가 수고하여 이룬 것을 연말에 밭에서부터 거두어 저장함이니라"

이어 맥추절과 수장절이 나옵니다(출 23:16). 맥추절은 첫 열매를 거두는 시간입니다. 곡식을 추수하고 감사하는 시간입니다. 수장절은 두 번째 추수 감사절입니다. 이스라엘 백성은 1년에 두 번 추수를 했습니다. 팔레스타인에는 봄철 전반기에 첫 번째 추수를 하고, 후반기에도 추수하는데 그때는 열매를 거둡니다. 무교병의 절기, 맥추절, 수장절 모두 감사 절기입니다.

하나님은 왜 감사의 절기를 지키라고 하셨을까요? 감사해야 행복하기 때문입니다. 원망하고 불평하면 행복할 수 없습니다. 따라서 우리가 오늘을 행복하게 살 수 있는 비결은 바로 감사입니다. 그래서 하나님은 행복의 비밀인 '감사'를 하도록 절기를 명하셨습니다. 이는 우리가 행복한 삶을 살기 원하시는 하나님의 은혜입니다. 신명기 10장 13절에도 이를 확증합니다.

> "내가 오늘 네 행복을 위하여 네게 명하는 여호와의 명령과 규례를 지킬 것이 아니냐"

하나님이 정해 놓은 모든 명령과 규례는 우리의 행복을 위한 것입니다. 우리를 속박하기 위해 주신 것이 아닙니다. 우리는 많은 것을 소유하고, 높은 자리에 올라야 행복하다고 생각하지만 그렇지 않습니다. 바로 '오늘', 이 순간에 하나님의 은혜를 감사할 때 행복합니다.

넓은 바다에는 수많은 물고기가 살고 있습니다. 그런데 바닷속 물고기들은 헤엄치면서도 물이 있는 줄을 느끼지 못합니다. 그래서 어떤 고기들은 '물이 어디 있지?' '물이 있다는 데 어디 있지?'라고 합니다. 우리는 그런 고기를 '웃기는 고기'라고 합니다. 웃기는 고기를 먹으면 배탈이 납니다. 그와 똑같이 우리도 하나님 은혜 안에 살고 있는데, 그것을 느끼지 못하는 미련한 행동을 합니다. 물속에 있는 고기가 물을 못 느끼는 것처럼 은혜 속에 살면서도 은혜를 느끼지 못합니다. 우리는 아침에 빛나는 햇살을 보면서도 그것이 은혜인 줄 모릅니다. 날마다 호흡하며 신선한 공기를 마시고, 봄에는 꽃향기를 맡고 아름다운 계절을 누리며 사는데, 은혜를 느끼지 못합니다.

'오늘', '지금', '여기'에서 하나님의 은혜를 누려야 하는데 왜 그러지 못할까요? 감사하지 않기 때문입니다. 우리가 풍성한 은혜를 느끼고 누릴 수 있는 유일한 길은 감사입니다. "하나님, 감사합니다."라고 할 때 하나님이 느껴지고 행복을 누리게 됩니다. 유대인들이 인생독본처럼 여기는 책이 있습니다. 물론 성경을 가장 중요하게 여기지만, 탈무드도 소중하게 여깁니다. 탈무드는 조상 때부터 구전으로 내려오는 이야기를 랍비들이 정리해 놓은 것입니다. 탈무드에는 이런 구절이 있습니다.

"세상에서 가장 지혜로운 사람은 배우는 사람이다. 공부를 많이 한 사람이 아닌 지금도 여전히 배우는 사람이 가장 지혜롭다. 세상에서 가장 행복한 사람은 감사하며 사는 사람이다."

맞습니다. 많이 소유했다고 행복하지 않습니다. 많이 소유할수록 그것을 잃을까 걱정하고 염려합니다. 가진 것을 지키려다 보니 잠도 못 자고, 또 더 많이 가지려고 하니 불안합니다. 남들과 비교하며 자신에게 부족한 것만 찾습니다. 남들보다 뒤처질까 전전긍긍합니다. 그런 사람은 행복을 느낄 수 없습니다. 정말 행복한 사람은 작은 일에도 감사합니다. 감사하면 하나님의 은혜가 풍성하게 느껴집니다.

하나님이 절기를 지키라고 명령하면서까지 감사하라는 또 다른 이유는 하나님의 은혜를 바로 '오늘' 누리기를 원하시기 때문입니다. 감사하며 하나님의 은혜를 누리지 못하고 불행하게 사는 사람이 있습니다. 그 사람은 두 가지 일을 품고 살아갑니다. 첫째는 지나간 세월에 대한 후회입니다. '아, 그때 내가 그러지 말아야 했는데….' 과거에 매여 후회하며 삽니다. 그러니 늘 우울합니다. 둘째는 아직도 가보지 않은 미래에 대해 염려합니다. 걱정하고 두려워합니다. 지나간 과거를 후회하고, 다가올 미래를 두려워하니 '오늘'도 우울한 것입니다.

좋은 일이 있고 기대할 일이 있다면 왜 기뻐하지 않겠냐고 반문할 수 있습니다. 틀린 말은 아닙니다. 그런데 과거, 이미 지나간 일을 계속 들춰 보는 것이 문제입니다. 우리를 슬프게 했던 과거의 그 사건은 이미 종결되었습니다. 아무리 후회해도 결과는 바뀌지 않습니다. 아무리 지금 괴로워해도 과거의 일을 바꿀 수 없습니다. 그것으로 끝난 것입니다. 그렇기에 지난 아픔을 되새김질하며 괴로워하고 우울하게 살아서는 안 됩니다. 하나님은 우리가 지나간 시간을 붙잡고 사는 것을 원치 않으십니다. 성경은 이를 분명히 가르쳐 줍니다. 시편 119장 71절의 말씀입니다.

> "고난당한 것이 내게 유익이라 이로 말미암아 내가 주의 율례들을 배우게 되었나이다"

억울하고 답답하며 괴로워서 실패의 수렁에 빠진 것을 고난이라고 합니다. 하지만 고난당한 것은 이미 과거에 벌어진 일입니다. 고난당해서 괴로웠지만 '아, 고난이 내게 유익한 거였구나. 그것 때문에 오늘이 있고 하나님 은혜를 알게 됐지.'라고 새롭게 해석해야 합니다. 고난은 괴롭지만, 그것을 하나님의 큰 뜻으로 해석하면 유익이 됩니다. 고난으로 주의 뜻을 배우는 유익을 얻을 수 있습니다. 이렇게 과거를 긍정적으로 해석하면 삶이 달라집니다. 지나간 그 사건은 그대로지만 삶의 질은 달라집니다. 인생을 살아가면서 누구나 어려운 일을 겪습니다. 괴로웠던 지난날이 있고, 생각하고 싶지 않은 일도 있습니다. 그런데 그 고난이 유익으로 바뀔 수 있다는 것입니다. 고난으로 오늘을 있게 하신 하나님의 은혜를 알게 하시기 때문입니다. 그래서 고난이 하나님 은혜였다고 해석합니다. 그러면 모든 것이 감사로 변합니다. 하박국 선지자는 우리에게 이와 같은 고백을 합니다(합 3:17-18).

> "비록 무화과나무가 무성하지 못하며 포도나무에 열매가 없으며 감람나무에 소출이 없으며 밭에 먹을 것이 없으며 우리에 양이 없으며 외양간에 소가 없을지라도 나는 여호와로 말미암아 즐거워하며 나의 구원의 하나님으로 말미암아 기뻐하리로다"

총체적 난국입니다. 무화과나무가 무성하지 못하고, 포도나무에 열매가 없으며, 감람나무에 소출이 없고, 밭에 먹을 것도 없고, 우리에 양이 없고 외양간에 소도 없습니다. 없고, 없고, 없습니다. Nothing입니다. 아무것도 없습니다. 이 절망스러운 상황에 하박국 선지자는 자신은 여호와로 말미암아 기뻐한다고 합니다. 구원의 하나님으로 말미암아 기뻐하겠다고 고백합니다. 무엇을 소유해서 기뻐하는 것이 아닙니다. 하나님 한 분 때문에 상황은 형편없지만 기뻐하고 즐거워하겠다는 것입니다.

하나님 한 분으로 만족하고, 하나님 때문에 감사하는 사람은 세상이 감당할 수 없는 사람입니다. 이런 사람은 무슨 일을 만나도, 아무것도 가진 게 없고, 되는 일이 하나도 없어도 여호와로 인해 기뻐하고 구원의 하나님으로 인해 즐거워합니다. 하나님이 감사의 조건이 되기 때문입니다. 하나님은 감사의 찬양을 올려드리는 사람을 통해 영광 받으십니다. 좋은 일이 전혀 없어도, 생각하면 생각할수록 괴로워도 '고난당하는 것이 내게 유익이다.'라고 여기면 감사하지 않을 일이 없습니다.

"내 뜻대로 안 돼도 주가 인도하신 것 모든 것 감사"라는 찬양 가사가 있습니다. 자기 뜻대로 되면 좋지만, 안 되는 것도 하나님의 은혜입니다. 그래서 모든 것이 감사한 것입니다. 지금 감사하십시오. 그래야 풍성한 하나님 은혜를 '오늘' 느끼고 누릴 수 있습니다. 하나님 은혜는 감사하는 사람에게로 흘러갑니다.

새로운 삶의 자세: 감사

하나님의 은혜를 누리는 성도의 삶의 태도 혹은 삶의 자세는 어떠해야 할까요? 골로새서 2장 6-7절에서 그 태도와 자세를 말씀하고 있습니다.

> "그러므로 너희가 그리스도 예수를 주로 받았으니 그 안에서 행하되 그 안에 뿌리를 박으며 세움을 받아 교훈을 받은 대로 믿음에 굳게 서서 감사함을 넘치게 하라"

그리스도인이라면 믿음에 굳게 서서 감사해야 합니다. 예수님께 뿌리를 내리고 감사하며 살아야 합니다. 믿음이 좋은 사람을 어떻게 알아볼 수 있을까요? 골로새서는 '믿음에 굳게 서서 감사함을 넘치게 하는 사람'이 믿음이 좋은 사람이라고 말합니다. 이 사람은 모든 일에 감사합니다. 그래서 어떤 일에도 흔들리지 않습니다. 감사로 믿음이 증명되고, 감사로 믿음에 굳게 서게 됩니다.

감사가 우리 삶에 어떤 영향을 미치는지, 얼마나 유익한지를 증명한 책이 있습니다. 정지환 작가의 『내 인생을 바꾸는 감사 레시피』입니다. 이 책은 감사가 우리 삶에 얼마나 큰 영향을 주는지 알려줍니다. 대학생 300명을 선발해 100명씩 세 그룹을 나누어 3주 동안 다른 과제를 줍니다. 첫 번째 100명에게는 하루 동안 있었던 일을 일기로 쓰게 합니다. 두 번째 그룹은 하루 동안 기분 나빴던 일을 생각해 쓰게 합니다. 세 번째 그룹은 하루 동안 감사한 이야기를 기록합니다. 3주가 지나 각 그룹에 어떤 변화가 일어났는지 보았습니다. 3주 동안 감사를 기록한 사람들은 행복했다고 말합니다. 감사하니 당연히 행복하겠죠. 그들은 실험하는 동안 질병에 걸리지 않았고 활기가 넘쳤으며, 표정은 밝고 환했다고 합니다. 당연한 결과입니다. 반대로 3주간 기분 나빴던 일을 적은 그룹은 친구와 티격태격 다투고, 이성 친구와 헤어지는 일도 많았다고 합니다. 위장병도 생기고 표정도 어두웠습니다. 이 역시 당연한 결과입니다. 그래서 감사는 강력한 에너지입니다. 감사는 하늘의 강력한 능력을 끌고 오는 에너지입니다.

그리스도인은 '오늘'을 감사하며 살아야 합니다. 무슨 일이 있어도 믿음 위에 굳게 서서 감사하는 사람이 그리스도인입니다. 우리가 진심으로 감사할 때, 우리의 몸과 마음, 삶이 변화됩니다. 『물은 답을 알고 있다』의 저자 에모토 마사루가 실험을 하였습니다. 물을 현미경으로 보면 결정체가 보이는데 가장 좋은 물은 빛나는 육각형이라고 합니다. 물을 향해 "사랑합니다."라고 말하면 물의 결정체는 빛나는 육각형이 됩니다. "사랑합니다." 보다 더 빛나는 육각형은 "감사합니다."라고 말할 때입니다. 사람의 몸은 70%가 물입니다. 우리 입술로 진심으로 감사하다고 말할 때, 몸에 있는 세포가 춤을 추게 됩니다. 황성주 박사도 감사할 때 몸속 세포들이 춤춘다고 말합니다. 더하여 감사하면 뇌가 안정됩니다. 감기 같은 질병도 잘 걸리지 않습니다. 암 환자 중에는 진심으로 감사하는 생활로 암이 멈추거나 전이되지 않고 건강이 회복된 사례도 있습니다. 이렇게 감사는 인생의 해악을 막는 방화벽입니다. 이를 잠언 17장 22절에서 말씀합니다.

> "마음의 즐거움은 양약이라도 심령의 근심은 뼈를 마르게 하느니라"

감사가 어떤 약보다 우리 몸을 이롭게 한다는 것입니다. 반대로 심령의 근심, 걱정과 불안은 뼈를 마르게 합니다. 그러니 매 순간 감사하십시오. 그러면 풍성한 하나님의 은혜를 누리게 됩니다. 감사하면 우리 마음과 몸도, 우리 삶도 변화합니다. 이것보다 더 우리를 가슴 뛰게 하는 것은 감사하면 우리 속에 잠재된 에너지가 활성화된다는 것입니다. 존 맥스웰은 그리스도인 내면에는 '성공의 씨앗'이 있다고 말합니다. 우리에게는 가능성이라는 씨앗, 잠재된 능력이 있는데, 이것들이 꽃피지 못할 때가 있습니다. 우리 속에 가능성의 씨앗이 있다는 것을 모르기 때문입니다. 맥스웰은 우리가 감사하면 이 가능성의 씨앗이 발아된다고 말합니다.

황성주 박사의 『절대 감사』라는 책에는 보스톤에서 생식 대리점을 경영하는 어떤 어머니의 이야기가 나옵니다. 그 분에게는 딸이 있는데, 그 딸이 미국 전역 고등학생 토론대회에서 1등을 했다고 합니다. 우리나라에서 전국 1등만 해도 대단한데 남한 면적보다 거의 100배나 넓은 미국에서 1등을 했습니다. 또한 아이비리그 최고의 대학에서 모두 장학생으로 입학 허가를 받았는데 그 중 필라델피아에 있는 펜실베니아대학으로 진학했다고 합니다. 어머니에게 자녀를 어떻게 교육했는지 물었더니 별다른 학습법은 없었다고 합니다. 다만 아이가 5살 때부터 매일 잠들기 전에 하루 동안 감사한 일이 무엇인지 다섯 가지씩 찾아 이야기를 나누고 그것을 노트에 적게 했다고 합니다. 어릴 적부터 계속 '감사'를 찾아 감사했더니 아이가 잘 성장했다는 것입니다.

감사할 때 우리 안에 숨겨진 가능성이 살아납니다. 활성 에너지가 생성됩니다. 그래서 지적 능력이 높아지고, 인성이 좋아지며 주님을 닮아가는 것입니다. 하나님이 우리에게 감사의 절기를 지키라고 하신 것은 숨겨진 가능성을 찾아 마음껏 펼치고 은혜를 누리며 행복하게 살기를 원하기 때문입니다.

형통의 마중물: 감사

지나온 날에 감사하십시오. 아픈 기억, 슬픈 기억, 괴로웠던 기억도 감사로 덮으면 그 기억이 새롭게 해석됩니다. 또한 미래에 대해서도 감사를 선포하십시오. 미래가 두렵고 불안하고 걱정되지만, 오늘 믿음으로 감사하면 형통한 미래가 만들어집니다. 미래를 두려워하고 염려한다고 안 될 것이 되지 않습니다. '오늘' 감사하시기 바랍니다. 감사는 인생의 형통을 부르는 마중물입니다.

다니엘은 타국의 포로였지만 하나님의 인도하심으로 이방 민족에게 선한 영향력을 끼치며 살고 있었습니다. 그는 타국에서도 경건하게 하나님을 섬겼습니다. 그런데 사람들의 시기를 받아 사자 굴에 던져질 위기에 처합니다. 벼랑 끝에 서게 된 것입니다. 길이 보이지 않습니다. 절체절명의 순간에 다니엘은 무엇을 했을까요? 왕에게 찾아가 자신의 억울함을 호소했을까요? 다니엘서 6장 10절은 다니엘이 무엇을 했는지 보여줍니다.

> "다니엘이 이 조서에 왕의 도장이 찍힌 것을 알고도 자기 집에 돌아가서는 윗방에 올라가 예루살렘으로 향한 창문을 열고 전에 하던 대로 하루 세 번씩 무릎을 꿇고 기도하며 그의 하나님께 감사하였더라"

다니엘은 이미 왕의 조서에 도장이 찍힌 것을 알고 있었습니다. 사자 굴에 자신이 던져진다는 것을 알았지만 다니엘은 평소처럼 집으로 돌아와 예루살렘을 향해 창문을 열고 무릎 꿇고 기도했습니다. 그는 예전부터 하루에 세 번씩 기도하고 감사했습니다. 죽게 생겼는데도 변함없이 감사한 것입니다. 그러자 감사가 죽음의 문을 막습니다. 사자의 입을 막아버립니다. 감사가 다니엘을 형통의 길로 이끌어 간 것입니다. 감사는 형통으로 이끄는 마중물입니다. 우리가 불안하고 두려워한다고 미래에 벌어질 문제가 없어지는 것은 아닙니다. 미래의 일은 누구도 알 수 없습니다. 우리가 어쩌지 못하는 미래에 대해 걱정할 것이 아니라, 오늘 우리가 할 수 있는 일로 하나님 앞에 감사하십시오. 그렇게 감사하면 우리가 걱정했던 미래가 하나님의 사랑으로 말미암아 형통으로 나아갑니다.

저는 하남교회를 부임하기 전 미국에서 이민자를 대상으로 목회를 하였습니다. 2006년 가을, 새벽 미명 아무도 없는 교회에서 기도하는데 갑자기 하나님의 음성이 들려왔습니다. "사랑하는 아들아, 이제 이 교회에서 너의 사명은 다 끝났다." 당시 힘들게 교회를 건축하고 조금씩 목회가 안정되고 있던 때였습니다. 그때 주님은 이곳에서의 사명이 끝났다고 말씀하셨습니다. 그날 아침 많은 눈물을 흘렸습니다. 지금까지 수고에 대한 억울함이 아니라 감사가 터져나왔기 때문입니다. 하나님께서 저를 미국으로 보내셔서 공부하게 하시고, 자녀들도 잘 자라게 인도하셨으며, 목회 여정 가운데 늘 함께해 주신 것이 떠올랐습니다. 그날 아침 저는 "주님 알겠습니다. 주님께서 가라 하시면 가겠습니다."라고 고백하며 찬양하였습니다.

주님 말씀하시면 내가 나아가리다.

주님 뜻이 아니면 내가 멈춰서리다.

나의 가고 서는 것 주님 뜻에 있으니

오 주님 나를 이끄소서.

눈물로 주님 앞에 예배했습니다. 그런데 주님께서는 어디로 가야 하는지는 말씀하시지 않으셨습니다. 그렇지만 저는 하나님의 인도하심을 믿었습니다. 그해 추수감사주일, 최고의 감사헌금을 주님께 드렸습니다. 그곳에서 드리는 마지막 감사주일이라고 생각하니 지금까지 인도하신 하나님의 은혜에 대한 감사가 물밀듯 흘러나왔습니다. 그리고 12월이 지나고 새로운 해에 하남교회에서 청빙 연락이 왔습니다. 이 모든 것이 하나님의 인도하심입니다.

감사는 미래를 형통으로 이끄는 마중물입니다. 펌프로 물을 길어 올리기 전, 한 바가지의 물을 부어야 물이 나옵니다. 먼저 붓는 그 물이 마중물입니다. 마중물은 땅 깊은 곳에 있는 시원하고 깨끗한 지하수를 끌어올리는 역할을 합니다. 하나님의 은혜를 누리며, 형통의 삶을 살기 위해서는 감사라는 마중물이 있어야 합니다.

> "그러므로 너희가 그리스도 예수를 주로 받았으니 그 안에서 행하되 그 안에 뿌리를 박으며 세움을 받아 교훈을 받은 대로 믿음에 굳게 서서 감사함을 넘치게 하라"

골로새서의 말씀처럼 믿음 위에 굳게 서서 감사를 넘치게 하십시오(골 2:6-7). 우리가 할 일은 단순합니다. 믿음 위에 굳게 서는 것입니다. 누가 뭐라 해도 흔들리지 않는 믿음 위에 굳게 서는 겁니다. 그리고 넘치게 감사하는 것입니다.

"하나님, 은혜 주셔서 감사해요. 주님 감사해요."

감사하면 살아온 날은 아름다운 추억이 되고, 앞으로 살아갈 미래는 형통의 그림으로 그려질 것입니다. 기억하십시오. 오늘 우리가 해야 할 일은 믿음 위에 굳게 서서 하나님의 은혜를 누리며 감사하고 또 감사하는 것입니다. 감사로 승리하시길 소망합니다.

눈에 보이지 않아도 길은 있다

1판 1쇄 | 2023년 12월 1일

지은이 | 방성일
펴낸이 | 박상란
펴낸곳 | 피톤치드

디자인 | 김다은 교정 | 강지희
경영·마케팅 | 박병기
출판등록 | 제 387-2013-000029호
등록번호 | 130-92-85998
주소 | 경기도 부천시 길주로 262 이안더클래식 133호
전화 | 070-7362-3488
팩스 | 0303-3449-0319
이메일 | phytonbook@naver.com

ISBN | 979-11-92549-29-3(03230)